日本語の言語学のための

日本語の語彙論理解

薛根洙 著

신아사

"This Research was supported by Chonbuk National University Research Fund, 2010"

머리말

본서 [일본어의 어휘론 이해]는 일본어 교육과 일본어학에 관심이 있는 분들에게, 언어학 이론 중에서 어휘론을 쉽게 이해할 수 있도록 개설한 것이다. 특히 어휘론 또는 언어학이론을 보다 일본어학적 관점에서 독자들이 이해해주었으면 하는 저자의 취지를 반영하여, 원어인 일본어로 본서를 집필하게 되었다.

언어학이란 <단어>와 <문장>을 기본적인 대상으로 연구를 하는 분야이다. 이 단어와 문장은 다양한 특성을 가지기 때문에 그 연구영역도 다양하다. 일반적으로는 음성과 관련된 영역, 문자와 관련된 영역, 어휘와 관련된 영역, 문법과 관련된 영역으로 크게 구분할 수 있다.

위에서 제시한 언어학 영역을 보다 구체적으로 분류해보면 대체로 다음과 같다.

이 언어학의 영역을 구체적으로 분류하면, 다음과 같이 나눌 수 있다.

1. 음성과 관련된 영역 : 1-1. 음운론(phonology) • 1-2. 음소론(phonemics)
2. 문자와 관련된 영역 : 2-1. 문자론(grammatology)
3. 어휘와 관련된 영역 : 3-1. 어휘론(lexicology) • 3-2. 의미론(semantics)
4. 문법과 관련된 영역 : 4-1. 문법론(grammar)
    - 4-1-1. 구문론(syntax)
        - 1) 문론(text)
        - 2) 연어론(word-groups • combination word)
    - 4-1-2. 형태론(morphology)。

본서 [어휘론 이해]는 한국 및 일본의 언어학분야의 새로운 연구저서로 주로 「어휘론이란 무엇인가」라는 주제를 중심으로 관련 내용을 개설한 저서이다. 「어휘란 무엇인가?」라는 사항을 생각할 때 먼저 [휘(彙)]라는 문자에 주목할 필요가 있다. 이 문자의 의미는＜모으

다>이다. 이것에서 짐작할 수 있듯이 단어를 분류 · 집대성할 때「어떠한 기준에 의한 것인가」라는 사항을 핵심으로 볼 수 있을 것이다.

본서는 전부 12장으로 구성되어 있고 그 세부항목은 다음과 같다.

제1장 언어학이란 무엇인가? 제2장 어휘란 무엇인가? 제3장 단어란 무엇인가? 제4장 文이란 무엇인가?, 제5장 품사란 무엇인가?, 제6장 단어의 계열, 제7장 화어(和語) · 한자어(漢語) · 외래어, 제8장 단어의 형성법, 제9장 품사의 전성(転成), 제10장 연어(連語), 제11장 시소러스(Thesaurus), 제12장 Thesaurus Manager을 이용한 어휘분류.

이중 1장에서 9장까지가 전반부, 나머지 3장(10장~12장)이 후반부이다. 전반부 제1장에서는 우선 독자가 일본어학의 일반론부터 이해할 수 있도록 음성·문자·어휘·문법과 관련된 각각의 영역을 분류하여 제시해 놓았다. 제2장에서는 어휘론과 의미론의 관계를 개설하였고, 제3장에서는 단어를 문법·어휘·형태론적 측면에서 분석한 뒤 다의어에 대해서도 개설하였다. 제4장에서는 文의 성분이 어떠한 기능을 가지고 있는지를 개설하였고, 제5장에서는 품사의 종류와 품사의 분류에 대해서 개설하였다. 이중, 명사에 관해서는 특별히 일본국립국어연구소에서 연구된 내용을 소개하였고, 동사에 관해서는 선행연구자들 중에서도 정교하고 치밀한 분석을 해온 오쿠다야스오(奥田靖雄)의 분류 내용을 소개하였다. 제6장에서는 단어의 계열과 관련하여 유의어 · 반대어 · 관련어 · 동의어에 대하여 개설하였고, 제7장에서는 화어(和語) · 한자어(漢語) · 외래어 · 혼종어(混種語)에 대해서 개설하였다. 제8장에서는 단어의 형성법과 관련하여 단순어 · 합성어 · 복합어 · 파생어 · 연탁(連濁) · 전음(転音) · 생략어가 존재한다는 것을 개설하였다. 그리고 제9장에서는 품사의 전성(転成)에 대해서 서술하였다. 후반부의 시작인 제10장에서는 연어(連語)란 무엇인가에 대해서 문제를 제기하고 그 뒤 어휘분석 시 실천적인 방법을 연어(連語)을 중심으로 제시하였다. 제11장에서는 시소러스에

대해서 개설하였고, 제12장에서는 앞장의 내용을 가지고 Thesaurus Manager란 무엇인가에 대해서 개설한 뒤, 어휘분석방법과 데이터베이스(Database)화의 방법에 대해서 이미지 파일로 구현하여 구체적으로 서술하였다.

이 저서를 한국에서 굳이 일본어로 집필하여 출판한 이유는 일본문학 및 어학을 전문으로 하는 적지 않은 학생들이 전문적인 용어를 원어(일본어)로 이해하고, 앞으로 일본 또는 한국에서 일본어문헌을 조사하며 읽어나갈 때 학생들에게 도움이 되었으면 하는 저자의 의도 때문이다. 물론, 저자는 가까운 장래에 이 저서의 한국어판을 출판할 소견을 가지고 있지만, 그에 앞서 언어학의 이론과 관련된 일본어 전문어휘가 보다 폭넓게 알려지고, 한국학계에서 한층 더 토론이 활성화 되었으면 하는 바람을 가지고 있다. 독자 여러분들이 이런 필자의 의도를 이해해 준다면 더할 나위 없을 것이다.

이 저서를 집필하는데 있어서 많은 분들의 도움을 받았다. 특히, 한국전북대학교(일어일문학과 대학원생)의 Otani Yuka씨와 저자의 와세다대학 동기인 Nogawa Hiroyuki박사에게는 용례의 의미, 읽는 방법, 용례의 역사적 배경 및 저자가 만든 일본어 예문의 타당성에 대해서 자문을 구했다. 또한 두 분은 저자의 의향을 잘 헤아려 많은 정보를 제공해주었다. 이 두 분께는 이 자리를 빌어 감사의 말씀을 전하고 싶다. 또한, 흔쾌히 출판을 허락해주신 도서출판 신아사 관계자 여러분들과 정현걸 사장님께도 심심한 감사의 말씀을 전한다.

2012년 7월 7일

전북대학교 설근수 연구실에서

저자 설근수(Seol Geun-Soo)

はじめに

本書「日本語の語彙論理解書」は、日本語教育や日本語学に関心がある方に、言語学の範囲で、語彙論を理解しやすい形で概説したものである。語彙論や言語学の理論をより日本語学的な角度からご理解頂きたいという気持ちから、ことさら日本語で著したのである。

言語学とは、＜文＞と＜単語＞とを基本的な対象として、研究をすすめる分野である。文や単語がもつ多様な特性によって、その研究の領域も多様となるが、一般的に、音声に関する領域、文字に関する領域、語彙に関する領域、文法に関する領域のように大別することができる。

この言語学の領域をより具体的に分類すれば、おおよそ以下のとおりである―― 1. 音声に関する領域の場合は、1-1.音韻論(phonology)・1-2.音素論(phonemics)、2.文字に関する領域の場合は、2-1.文字論(grammatology)、3.語彙に関する領域の場合は、3-1.語彙論(lexicology)・3-2.意味論(semantics)、4.文法に関する領域の場合は、4-1.文法論(grammar)・4-1-1.構文論(syntax)・1)文論(text)、2)連語論(word-groups・combination word)・4-1-2.形態論(morphology)。

本書＜語彙論理解＞は、韓国および日本の言語学における研究書の新たな一つたるべく、主として「語彙論とは何か」を中心に概説したものである。

「語彙とは何か？」を考える場合、まず＜彙＞という文字に着目したい。その意味は、＜集める＞である。このことから推しても、単語を分類·集成する場合、どんな基準によって分けるか、ということが大きな核心となるものと見られよう。

本書の構成は、全12章から成り、その細目は、およそ以下のとおりである——第1章. 言語学とは何か？、第2章. 語彙とは何か？、第3章. 単語とは何か？、第4章. 文とは何か？、第5章. 品詞とは何か？、第6章. 単語の系列、第7章. 単語の和語 · 漢語 · 外来語、第8章. 単語の形成法、第9章. 品詞の転成、第10章. 連語、第11章. シソーラス(Thesaurus)、第12章. Thesaurus Managerを利用した語彙分類。

このうち1章から9章を前半とし、残る3章を後半とする。前半の中でも、まず第1章では、読者が日本語学の一般論から理解できるよう、音声 · 文字 · 語彙 · 文法に関するそれぞれの領域を分類提示した。第2章では、語彙論と意味論の関係を概説し、第3章では単語というものを文法·語彙·形態論的の各側面から分析したうえ、多義語についても概説した。第4章では文の成分がどのような機能を有しているかを概説し、第5章では、品詞の種類と分類について論じた。このうち、名詞に関しては、特に日本の国立国語研究所におけるそれを紹介し、動詞に関しては、先行研究者の中でもとりわけ精緻な分析ぶりを示した奥田靖雄によるそれを紹介した。第6章では、単語の系列として、類義語·反対語·関連語·同義語について概説し、第7章では、和語·漢語·外来語·混種語について概説した。第8章では、単語の形成法として、単純語 · 合成語 · 複合語 · 派生語 · 連濁 · 転音 · 省略語があることを挙げたうえ、概説を加えた。そして第9章では、品詞の転成について述べた。さて、後半に入り第10章では、連語とは何かについて問題提起し、そのうえで語彙分析に際しての実践的な方法を、連語を核としつつ提示した。第11章ではシソーラスについて概説し、第12章では前章の内容を承けつつ、 Thesaurus Managerとは何かを概説したうえ、語彙の分析方法とデータベース(database)化の仕方について、図版をも駆使しつつ極力具体的に述べた。

この書を韓国にあって敢えて日本語で執筆・出版した理由は、日本文学や語学を専門とする少なからぬ学生が、専門的な用語を日本語原語によって理解し、将来の日本留学、もしくは韓国に身を置きつつ日本語文献を閲読するうえで役立ててほしいという思いからである。著者はむろん、近い将来において韓国語版を公にする所存であるが、それに先立ち、言語学関連の日本語専門語彙がより広く知られ、韓国学界にあって一層の討論がなされることを願っている。読者諸子が著者の意のあるところをお察しくださるのであれば、幸甚これに過ぎるものはない。

執筆にあたり多くの方々にお世話になった。特に、韓国全北大学校(日語日文学科・大学院生)の大谷由香さんと、著者の早稲田大学在学中の旧友である野川博之博士には、用例の語義・読み方不詳の箇所や、用例が持つ歴史的背景、さらには著者自身による日本語例文の妥当性については、この両氏に諮った。両氏は著者のこうした意向をよく汲んで、informantとして十分に働いてくれた。記して特に御礼申し上げたい。また、快く出版を引き受けてくれた新雅社の鄭鉉杰社長にも感謝し御礼申し上げたい。

2012年7月7日

韓国・全北大学校 薛根洙 研究室にて

著者　薛根洙(ソル・クンス)

目次

1-2. 自己運動しての動作・変化

1-2-1. 空間的な移動

1-2-2. 空間的なは位置関係にはいる動作

1-2-3. ふるまい

2. 心理的な活動

2-1. 感性活動

2-2. 思考活動

2-3. 言語活動

2-4. 意思活動

2-5. 調査活動

2-6. 態度的な動作

2-7. 表現的な動作

2-8. 論理操作

3. 変化

3-1. 物の様変わり

3-2. 生き物の変化

3-3. 人の生理的な変化

3-4. 状態の変化・出現

4. 状態

4-1. 人間の生理・情動的な状態

4-2. 場所の状態

5. 自然現象

5-1. 物の状態

5-2. 物の運動

6. ヤリモライ活動

7. 人間的な接触

第1章.
言語学とは何か？

1-1. 音声に関する領域

1-2. 文字に関する領域

1-3. 語彙に関する領域

1-4. 文法に関する領域

第1章.言語学とは何か？

人は、他人とコミュニケーションをなす場合、主として言語という道具(ツール)を使う。その道具は、音声や文字によって表わすことができる。音声や文字で表わされた道具のうち、単語と単語とを結合して構築されたものが文である。単語は、文だけを構築するのではなく、連語や慣用句をも構築することができる。また、連語や慣用句は、文を構築する材料として役割を発揮することができる。文を構築する最も小さな構成要素は、連語でも慣用句でもなく、単語そのものである。だから、単語というものは、文を構築する最も小さい単位であるとも言えよう。

言語学の研究対象は、いろいろ挙げられる。文を構築する構成要素としての連語や慣用句もその考察対象であるが、基本的にはやはり、単語から開始されるべきであろう。言語学は、文を構築する材料(単語・慣用句・連語)が持つ多様な特性によって、その研究の領域も多様に織り成される。

言語学の領域をそれぞれの特性に注目すると、1)音声に関する領域、2)文字に関する領域、3)語彙に関する領域、4)文法に関する領域の四つに大別されよう。

1. 音声に関する領域(音声方面に注目して研究する分野)
   - 1-1. 音韻論(phonology)：言語の構成要素である音声(言語音)の機能を研究する分野。
   - 1-2. 音素論(phonemics)：音素を抽出し、その体系や構造を研究する分野。

2. 文字に関する領域(文字の形に注目して研究する分野)

2-1. 文字論(grammatology)

3. 語彙に関する領域(単語の意味・語彙に注目して研究する分野)

3-1. 語彙論(lexicology)：単語の語彙について、体系的に記述説明する分野。

3-2. 意味論(semantics)：単語の意味に注目して研究する分野

4. 文法に関する領域(文を構築する規則に注目して研究する分野)

4-1. 文法論(grammar)

4-1-1. 構文論(syntax)：単語と単語との関係に注目して研究する分野。

1) 文論(text)：文章を作者の意図に支配されたものとみるのではなく、あくまでも文章それ自体として読むべきだとする思想のこと。

2) 連語論(word-groups・combination word)

4-1-2. 形態論(morphology)：意味をもつ形態素に注目して研究する分野。

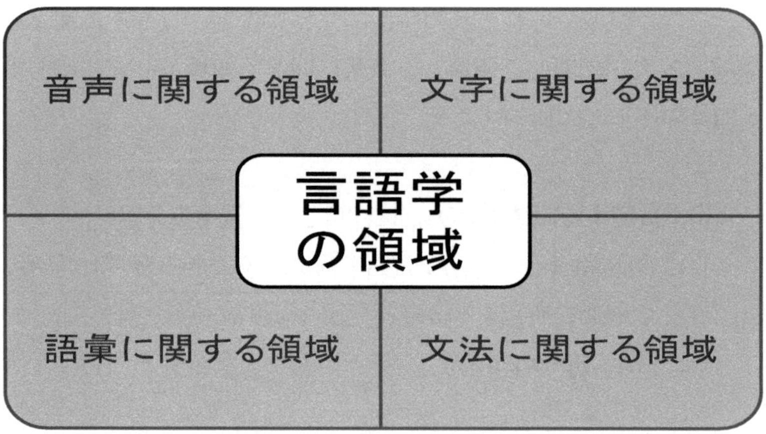

1-1. 音声に関する領域

音声言語とは、人が話をするときに発する音を指し、これを言語学にあっては「音声」という。この音声は、話し手と聞き手との意思の伝達に用いられる道具(ツール)であり、肺から出た空気(呼気)が、のど・口・鼻などの生理的な構造を通って、外へ吐き出される過程で形成される。空気の抵抗感を利用して発せられた音声は、聞き手側に伝えられるが、それ自体は時々刻々と消えてしまうのである。ともあれ、音声言語はこのように話し手と聞き手とが、コミュニケーション(言語活動)の場を共有する直接的伝達に用いられており、可聴性に重きを置いた言語であると言えよう。

この音声に関する領域のうち、特に音声に注目して研究する分野を、1)音韻論(phonology)と 2)音素論(phonemics)とに二分できよう。

音韻論は、言語のなかでも、音の体系や規則性を調べ、その働きや関係を追求する分野である。意味の違いに関係する音が、音韻である。音韻の最小単位を「音素」という。音韻は＜[　]＞という記号を用いて、一方、音素は＜／　／＞という記号を用いて、それぞれ示される。例えば、「日本」という単語を、音韻の違いによって表示してみよう。

例）日本[NihoN]、日本も[Nihommo]、日本と[Nihonto]

一方、音素論は、音素を抽出し、その体系や構造を研究する分野であり、いわばオト(発音)を構成するもっともせまい、小さな単位に焦点を当てているのである。例えば、「日本」という単語を、音素の違いに注視しつつ表示すれば次のとおりである。

例）日本[Niho/N/]、日本も[Niho/m/mo]、日本と[Niho/n/to]

1-2. 文字に関する領域

文字とは、本質的に消えやすい音声言語を固定化するための手段であり、言語活動全体にあっては、「文字を媒介とする言語」でもある。

文字言語は、それが記された材料の上で固定化されているので、その記録を長く保存することができる。いわば、平面と時間をも含めた三次元の伝達方式である。

文字言語は、筆記用具などの伝達道具を必要とし、書き手によって発された情報を読み手まで届けることを本旨とする。それゆえ、文字という記号によって表現し理解する言語として、時間的·空間的な制約が認められる。とりわけ、音声言語の伝える複雑な音調や感情のような微妙な表現を文字によって写し取ることは相当に困難である。周知のように、携帯電話やメールの発達に伴い、世界各国でさまざまなメール用絵文字の考案がなされた。今後も多くの新たなメール用絵文字が考案されるであろう。ただ、それでも音声言語ほどの感情表現の幅をもち得ないことは論を俟たないのではないだろうか。

日本語における文字としては、やはり漢字を無視するわけにはゆくまい。言うまでもなく、日本人にとって本来は外国の文字ではあったが、長い歴史の中でいつしか日々の言語生活に欠かせない存在となった。日本独自の文字である「かな」さえも、漢字から生み出された文字である。日本語における漢字には、音読みと訓読みとがあって、例えば「風車」と書いて、音読みで「ふうしゃ」と読む場合と、訓読みで「かざぐるま」と読む場合がある。前者は農工業に実用される大型機具であるのに対し、後者は玩具であるという意味上の違いがある。この例に見るがごとく、漢字で書けば同一の単語であっても、読み方によってそれぞれの意味合いも変化するのである。

1-3. 語彙に関する領域

語彙に関する領域は、意味論と語彙論の二つに大別できる。単語には、基本的な意味から派生的な意味にいたるまで、いろいろな意味合いが含まれる。その意味を研究対象とするのが意味論である。単語における意味とは、一般に単語が内包しているあらゆる意味合いを指し、これらの意味合いを集めたのが語彙である。一方、語彙とは、ある範囲（例えば一つもの文学作品・一個人の発言記録など）において使われる単語の集まりの総体(「彙」とはそもそも「集まり」の意）である。

自然言語を収録した国語辞典こそは実に、語彙の倉庫であり、そこに収録された単語の全てを語彙と呼ぶことができよう。この語彙を目的に沿って、体系的に記述研究する言語学の分野を、語彙論というのである。

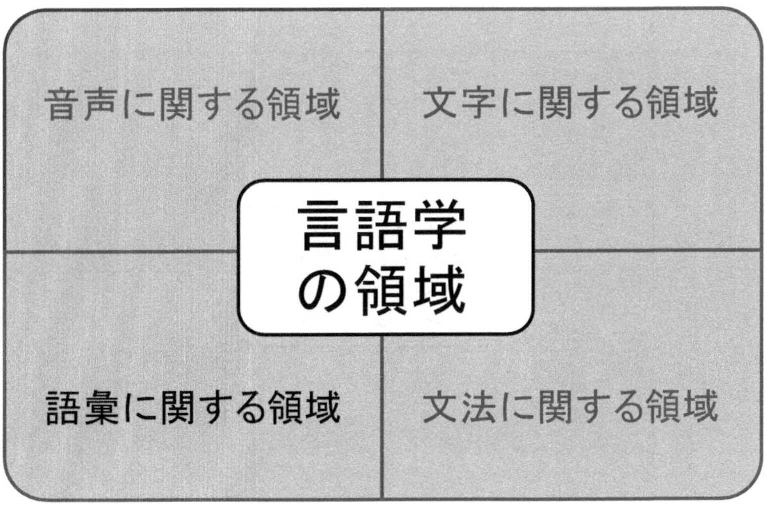

1-4. 文法に関する領域

言語学の領域のなかで、文法に関する領域は、構文論と形態論に大別できる。また、構文論は、文論と連語論とに二分される。

構文論は、単語が有している意味内容を考察の対象外とし、もっぱら単語と単語の組み合わせに見る形式的な規則のみを取り扱う分野である。また、文を構成する単位（単語・連語・慣用句）における組み合わせの法則やその機能、各々の構成単位に見る機能をも研究対象とする。

一方、形態論は、語形変化をおこす単語の形態変化を対象とする研究部門であって、単語の文法的な側面を研究する文法論上の分野をいう。前述したとおり、この分野は文論と連語論とに二分される。このうち、まず文論は、単語や連語・慣用句が、文を組み合わせる構成要素として、文が組み立てられる際に、その構成要素間の文法的な側面を研究する分野である。これに対し、連語論とは、単語と単語とが組み合わさった際、単語間の意味的な関係を中心に研究する分野である。

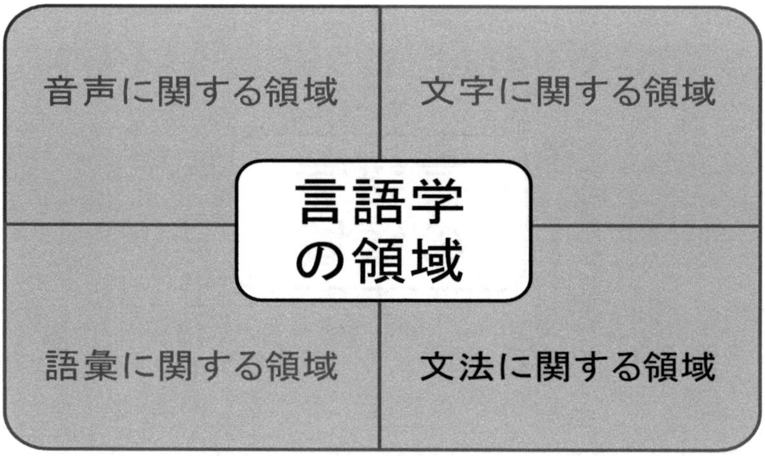

第2章.

語彙とは何か？

2-1. 語彙論

2-2. 意味論

2-1. 語彙論

一つ一つの単語には意味があり、それぞれの意味は他の単語におけるそれとの間にどのような関連性(類似性・反対の意)を有するかを研究する場合、その分析の対象とされるのが、すなわち「語彙」である。

単語の語彙的な意味とは、具体的には個々の単語がどんな意味合いを帯びているか、ということにほかならない。言語が実際に用いられる社会において、単語の特性とは、単語の形式的な即面(音声)が、独自の特徴をもつ現実の一定の断片と関係づけられているという点に認められよう。そして、社会にあって、それぞれの単語に特有な音声の連続によって焼き付けられる現実の断片には、単語のもつ一般的かつ本質的な、あるいは区別的な特徴が反映されており、ここにこそ単語の内容的な側面が表現されていよう。

例えば、動詞のなかで、「あてる・はる・ぬる・しばる・さす・かざる」のように、それぞれの単語が、文の構造のなかで＜くっつき＞という語彙的な意味を表わす場合を見てみよう。

○ ボールを　頭に　あてる。
○ 板に　紙を　はる。
○ パンに　ジャムを　ぬる。
○ 古新聞(ふるしんぶん)を　ひもで　しばる。
○ 魚を　くしに　さす。
○ 髪に　リボンを　飾る。

ここで、単語が有する語彙的な意味の性格を＜単語＞別に調べてみると、次のような事象が指摘されよう。

1) 具体名詞：語彙的な側面が名詞によってのみ示され、主として「人やモノ・生き物」といった意味合いが示される。
：学生・顔・父・先生・机・木・犬・桜・桃

2) 場所名詞：語彙的な側面が名詞によってのみ示され、主として「場所」を示す。
：国家・会社・山・学校・運動場・庭・研究所・椅子のところ・母のそば

3) 時間名詞：語彙的な側面が名詞によってのみ示され、主として「時間」を示す。
：今日・去年・月曜・誕生日・12月・10時・来週

4) 動詞：語彙的な側面が動詞によって示され、「動き」や「状態」を表わす。
：走る・食べる・書く・曲がる・いる・ある

5) 形容詞：語彙的な側面を、形容詞が状態や性質の意味合いを指し示す場合である。
：高い・大きい・赤い・冷たい・静かだ・真っ赤だ

6) 副詞：語彙的な側面を、副詞が様子や程度の意味合いを指し示す場合である。
：あかく・美しく・静かに・真っ暗に・しとしと・にくらしく

2-2. 意味論

単語のもつ特定の意味合い(物や事柄)が、その単語の「意味」にほかならない。それぞれの単語は、一般的な意味を帯びている。例えば、「山」という単語は、複数の辞書に見る最大公約数的な語義を見るに、「周囲よりも高く盛り上がった地形や場所のことであり、平地と比べ、傾斜した地形から成るところ」を指している。この定義に基づきつつ、山にのぼる、山からおりるといった用例が生み出され、「移動先や出所（でどころ）といった性質」が表示される。また、「山が　高い」と「値段が　高い」の場合、いずれも「高い」という単語（形容詞）で表わされているが、前者は空間的な距離を表わし、後者は価格的な関係の性質を表わしている、と言えよう。

例えば、「見る」という動詞が表わすいくつかの意味合いの種類を調べてみると、次のような例が表示されよう。

1）観光客が　山を　みる。（目で見て事物の存在を認める）
2）姉が　子どもを　みる。（世話する）
3）お医者さんが　患者を　みる。（診察する）
4）占い師が　人相を　みる。（判断する）
5）シェークスピア作品には　中世英国の信仰を　みる　ことができる。（発見する）
6）映画を　みる。（見物する）
7）新聞を　みる。（読んで理解する）
8）会社の　事務を　みる。（行う）
9）具合を　みる。（試みる）
10）馬鹿を　みる。（経験する）
11）女を　みる　目が　たかい。（評価する）
12）収入を　12万と　みる。（見積る）

第3章.
単語とは何か？

一般的に見て、単語には文法的な側面・語彙的な側面・形態論的な側面の三つの側面が認められる。単語は、一個人が恣意的に作り出すことができないものであり、言語使用者(話し手)が、現実の情報を言語で表現できるような言語的認識(知識)も必要とされる。単語はまた、連語や慣用句や文を構築するうえで構成要素となる。

3-1. 文法的な意味

単語が語彙的な側面を表わしつつ、連語や文を構築する場合は、この文法的な意味合いが大きく働くのである。単語における文法というのは、文を構築するうえでの規則の総体である。また、語彙体系のなかで、語形との関係をもちながら、他の単語と組み合わさり、それ自身の形をかえたりして文法的な機能をはたす、ということもある。

単語の語形は、語彙の集まりである辞書における単位でありながら、かつ、文を構築する構成要素ともなる。

上述した単語のもつ三つの側面のうち、まず前の二つ、すなわち、文法的な意味と語彙的な意味とに注目してみよう。まず、1)名詞　2)動詞　3)形容詞が、どのような過程でそれぞれのもつ文法的な意味合いを表わしているか。これにはおよそ次のような特色が指摘されるのではないだろうか？

1) 名詞の場合：名詞＋「に・で・へ・を・から・まで・の」のような格助詞と組み合わさる。
2) 動詞の場合：動詞の語尾の語形変化の部分。
3) 形容詞の場合：形容詞の語形変化によって、名詞や動詞を修飾する。

このように、文法的な意味とは、文のなかで単語の要素が表わす関係の意味や話し手やそれぞれのおかれた現実に対する陳述的な意味である、と言えよう。

単語を規定する場合、(1)「音(音声)」で表わすこと、(2)その音に「意味」が焼き付けられている(刻印されている)こと、(3)また、意味を有した音は、品詞性が内在した「機能」を表わすこと——という三条件をいずれも充たした場合、はじめてそれを「単語」であると規定できる。ここで、「機能」というのは、具体的には品詞性を有することであり、文を構築する際に、これが有効に働いているということが要請される。

単語が、文を構築する際には、それぞれの品詞性によって、文の材料として、主語・述語・補語など、いろいろな資格を帯びつつ、文の部分として働くのである。例えば、次のようである。

＜文の部分＞

文の部分	文
主語	・太郎は　学生です。
述語	・学生は　学校に　行きます。
補語	・学生は　持ち物検査を　毎週　受けることに　反対です。

3-2. 語彙的な意味

ある単語とある単語とが、共通性のある語彙的な意味を表わす場合、その単語が有する二つ以上の共通性のある意味的関係を明らかにする分野を語彙論という。この語彙的な意味に対し、共通性を取るか、それとも反対の意味合いをとるかは、使用者の目的によって異なってくる。

例えば、共通性の意味を表わす単語グループのなかで、語彙を分類する場合、ある単語とある単語とが、どのような共通性を持って参加できるか？これを分析した結果明らかにされるのが「語彙的な意味」である。

単語は、文を構築する構成要素として、文法的な意味を帯びつつ、同時に語彙的な意味をも帯びている。まず、1)名詞　2)動詞　3)形容詞が、どのような過程で語彙的な意味合いを表わすようになるのか？　その規定は、およそ次の通りである。

<名詞・動詞・形容詞の語彙的な意味>

1) 名詞の場合	：名詞(物事の意味合いを表わす場合)
2) 動詞の場合	：動詞(物事の動き・状態・存在の意味合いを表わす場合)
3) 形容詞の場合	：形容詞(物事の性質・状態・感情の意味合いを表わす場合)

上述したように、単語を規定する場合、「音(音声)」で表わすこと、その音に「意味」が焼き付けられていること、また意味を有した音は、品詞性が内在した「機能」を表わすこと——これら三つの条件をいずれも充たした場合、それをはじめて「単語」であると規定できる。ここで、「意味」というのは、単語そのものに内在された固有の意味のことであり、文を構築する際に、これが有効に働くのである。

例えば、[En-pi-tsu]という単語は、「書くための道具(筆記具)」という固定化された意味で表わされ、これを文字で表わす場合には[鉛筆]という固定化された様子で表わされる、ということが要請される。

単語(品詞)の種類によっては、物事を表わす場合、物事の動きを表わす場合、物事の性質や状態を表わす場合がある。

下に掲げた表からもわかるように、<文法的な意味>とは、丁寧、否定、過去、命令、意志といった文法的な形を表わす。一方、＜語彙的な意味＞とは、書きます、起きます、食べます、～します、来ますのような、「連用形による肯定の丁寧形」を同一のカテゴリーで表わす。

＜語彙的な意味と文法的な意味の関係＞

文法的な意味 語彙的な意味	丁寧形	否定形	過去形	命令形	意志形
書く	書きます	書かない	書いた	書け	書こう
起きる	起きます	起きない	起きた	起きろ	起きよう
食べる	食べます	食べない	食べた	食べろ	食べよう
する	します	しない	した	しろ	しよう
来る	来ます	来ない	来た	来い	来よう

3-3. 形態論的な意味

形態論は、文と連語の基本的な材料としての単語がもつ文法的な側面を対象とする、文法論の一分野である。とりわけ、品詞の、さらに対象を絞るなら、単語の文法的な側面を明らかにすることを目指している。したがって、活用・曲用などにみられる語形変化や単語の構成について研究することがおのずと主眼となる。

単語が文の構造を構築する際に、活用(動詞・形容詞・形容動詞などが語尾変化すること)と曲用(名詞が格助詞と結合する場合、名詞がいろいろな格助詞と結合するたびに生じる様子)の機能をともにもつ単語は、その機能を表わしながら、文を構築することができる。単語は、形態論的なかたちをその機能として表わしつつ、構文論的なかたちをも表わすのである。

単語は、構文論的にも形態論的にも形付けられているわけであるから、構文論的な機能の体系であり、形態論的な変化の体系であるとも言えよう。品詞とはこのように、構文論的な機能と形態論的な変化とを基準にして分類される単語のグループをいうのである。

一方、単語の形態とは、意味を担う言語の最小単位をいう。その単語は、文を構成する単位であるが、意味の観点からすると、実はまだ最小の単位だとは言えない。次に示す「山」「話す」「大きい」という例における「単語と形態素の違い」にぜひとも注目してほしい。

＜形態素＞

単語	単語	形態素		
山(やま)	山	山	/yama/	1個
話す(はなす)	話す	話す	/hanasu/→/hanas/・/u/	2個
大きい	大きい	大きい	/ookii/→/ooki/・/i/	2個

＜異形態＞:音は異なるが意味的には同じ形態素。

「風[kaze]」/kaze～kaza/	
「大風」[ookaze]	「そよ風」[soyokaze]
「風上」/kazakami/	「風下」/kazasimo/

＜文法的な働きを示す形態素＞

過去		非過去(現在・未来)	
た[ta]	だ[da]	[u]	る[ru]
歩いた	読んだ	歩く	見える

＜前後の形態による異形態＞

「雨」[ame] – /ame/と/ama/	
/ama-/	・雨傘　　/ama-gasa/
/ame-/	・雨上がり/ame-agari/

「草」[kusa]-/-kusa/と/-gusa/	
/-kusa/	・道草/mici-kusa/
/-gusa/	・忘れな草 /wasurena-gusa/

文法体系を研究対象とする言語学の分野は、文法論といわれるが、文法論は形態論と統語論とに大別される。形態論は単語の文法的な側面をあつかう分野である。一方、統語論は文または単語の組み合わせに見る文法的な側面をあつかう分野である。

3-4. 単語の意味

3-4-1. 意味

単語は、言語のもっとも基本的な単位であり、かつは命名の単位である。それゆえ、個人が恣意的(しいてき)に作り出すことはできない。新発見の生物に命名がなされる際、学術会議での煩瑣(はんさ)な認定手続きが要請されることなどは、その典型的な例であると言えよう。一方、文は言語活動の単位として、話し手や書き手の責任において、その時その場で自在に作り出すことができる。

単語にはそれぞれ意味があり、意味のない単語など存在しない。単語を規定する場合、三つの必要条件が存在するが、その一つは「意味」を表わすことである。単語が文を構築する要素として参加できるのも、この条件に拠っているのである。

単語の意味は一般的であるが、単語が文を構築する場合は、ある個別的な現実の一部分である(断片・一切れ)を指し示している。単語は、語彙・文法的にもっとも基本的な単位でもある。

単語を規定する場合、以下の三条件が要請される。すなわち、(1)「音(音声)」で表わすこと、(2)その音に「意味」が焼き付けられている（刻印されている）こと、(3)また意味を有した音は、品詞性が内在した「機能」を表わすこと。この三つである。これらをすべて具備していてこそ、はじめてそれを「単語」であると規定することができるのである。

例えば、筆記道具の一つである「鉛筆」を単語として規定する場合は、(1)音声としては「en-pi-tsu」と表記され、(2)意味は「書く道具」であれ、そして(3)機能としては名詞という品詞性が認められる。これら三条件をいずれも充たしているからこそ、「鉛筆」は、書く道具としての語彙的な意味と、名詞という機能を有する品詞のもとで、文の構造を組み立てる要素として参加することもできるのである。

＜単語の規定＞

	**1) 音声**	「en-pi-tsu」という発音
	2) 意味	筆記道具としての意味規定
	3) 機能	品詞性を表わす

単語は、文を組み立てる材料として、①意味、②形の作り方(変化の仕方)、③文のなかでの働き(機能)などに従って、名詞・動

詞·形容詞·副詞などに分けられる。これを品詞分類と称する。品詞とは、語彙的な意味と文法的な意味との特徴によって、単語の種類ごとに分けることをいう。

品詞とは、単語が有している語彙的な側面と文法的な側面とから分類された単語の集まりであり、全ての単語は、いずれかの品詞に所属すると考えられる。それらの単語は、運動、状態、存在といった特徴が示される。

1) 品詞を分類する観点

① **語彙的な側面として**：どんな語彙的な意味を表わすか。

② **文法的な側面として**：文の構造のなかで、どの部分を表わす単語なのか。

単語は一定の意味をもちながら、文中で一定の形をとって一定の役割をはたす。まず、独立語文をつくるということで、感動詞が他の品詞、つまり述語文をつくる品詞から区別される。

つぎに、主要な品詞、つまり名づけ的な意味と構文的な機能とをあわせもつ名詞、動詞、形容詞、副詞が、構文的な機能しかもたない品詞から区別される。

名づけ的な意味をもたず、構文的な機能しかない品詞は——(1)単独で文の一部分となる「陳述副詞、接続詞」と、(2)主要な品詞と組み合わさることによってのみ文の部分となる補助的な品詞である「コピュラ、後置詞、つきそい接続詞」とに大別される。

2) 品詞の分類の仕方

日本語においては、さまざまな品詞分類が試みられている。品詞を自立語か付属語か、活用の有無、活用の形態といった特徴によって以下のように分類する。

＜品詞分類＞

・自立語 - 単独で文節を構成できる品詞
  ・活用するもの（特に用言という）：動詞・形容詞・形容動詞
  ・活用しないもの：・名詞（特に体言という）
    ・代名詞（学校文法では名詞の一つとされているが、学校文法以外にまで視野を広げると、名詞の一部とするかどうか依然として意見が分かれている）
    ・数詞（学校文法では名詞の一つとされているが、学校文法以外にまで視野を広げると、名詞の一部とするかどうかは依然として意見が分かれている）
    ：連体詞・副詞・接続詞・感動詞

・付属語 - 単独で文節を構成できない品詞
  ・活用するもの：助動詞
  ・活用しないもの：助詞

＜品詞の機能＞

品詞	文の成分	意味構造	機能構造
名詞	主語	し手（持ち主・所有者）	述べられ・指しだし
	補語	受け手	補い
動詞	述語	運動	述べ・締めくくり
形容詞	規定語	性質・状態	決め付け
副詞	修飾語	様子・程度	決め付け
接続詞 感動詞	独立語	（分担しない）	独り立ち

単語を文を組み立てる構成要素と見なし、文の構造から切り離したうえで、品詞分類するということは不可能である。というの

も、単語が文の構造に参加した結果、その単語の語彙・文法的な性質に変化が生じ、品詞の転成という現象がおこるからである。

例えば、「生きる」は、動詞であり、文の構造のなかで述語の位置に示されるのが一般的である。この動詞が主語の位置に示されれば、動詞の語彙的な意味特徴は＜モノ＞化され、名詞としての意味が派生する。この現象が「品詞の転成」である。このような働きにあっては、その単語は主語の意味構造と機能構造を担わされることとなる。

次の文の構造に注目してほしい。

＜文の構造(動詞)＞

・太郎は　川で　魚を　つる。		・つりは　健康に　よい　スポーツである。 ・太郎は　花子が　つるのを　みていた。	
分割構造	述語	主語	補語
品詞	動詞	(動詞派生の)名詞	動名詞
意味構造	運動	性質の持ち主	運動の受け手
機能構造	陳述・言い終わる	述べられ・指し出し	補い
語彙的な意味特徴	運動	事	事

品詞の転成の現象は、ほかの部分でも観察できる。次の例文で、形容詞・形容動詞が副詞に転成する様子に注目してほしい。

＜文の構造(形容詞・形容動詞)＞

・花子は　高い　山に　登った。 ・あの　ハンサムな　人が　太郎です。		・花子は　棒を　高く　飛び越えた。 ・子どもは　ハンサムに　成長した。
分割構造	規定語	修飾語
品詞	形容詞・形容動詞	(形容詞・形容動詞派生の)副詞
意味構造	モノの特性	運動の様子
機能構造	連体形	(連用)決め付け
語彙的な意味特徴	特性	様子

3-4-2. 多義語

単語のなかには、元々の基本的な意味から派生的な意味合いまでが生じたものがある。こうして基本的な意味以外の二つ以上の意味合いを表わすに至った単語を「多義語」という。多義語の意味合いは、単独で表現することはできず、他の単語との組み合わせによって表わされる。多義語が文を構築する際には、他の単語との関係で、多義語のうち一つの意味だけが提示される。

「共産党」という名詞の場合には、ある動詞と組み合わさることで、＜人＞＜場所＞＜建物＞＜組織＞のように、組織の意味以外の意味合いを表わす場合がある。

＜組織名詞(共産党)＞

① 向こうから	共産党が	来た。	(人　＝　党員、もしくは熱心な支持者)
② 太郎は	共産党で	遊んだ。	(場所　＝　党本部所在地)
③ 昨日	共産党が	焼けた。	(建物　＝　党本部ビル)
④ 彼らは	共産党を	作った。	(組織　＝　党組織)

上記の用例で示したように、①の場合には「来る」という動詞と組み合わさることで、共産党という名詞は＜人＞という意味合いを表わすのである。②の場合には「遊ぶ」という動詞と組み合わさることで、共産党という名詞は＜場所＞という意味合いを表わすのである。③の場合には「焼ける」という動詞と組み合わさることで、共産党という名詞が＜建物＞という意味合いを表わすのである。④の場合には「作る」という動詞と組み合わさることで、共産党という名詞は＜組織＞という意味合いを表わすのである。

一方、共産党という名詞が動詞と組み合わさる場合に、その動詞の意味とカテゴリーに注目すると、次のようなことが知られよう。

①の文では、共産党という名詞が「人」という意味合いを表わす場合であるが、この意味合いを表わすためには、動詞のカテゴリーのなかで＜移動性を表わす動詞＞の「来る」という動詞と組み合わさることが要請される。すなわち共産党という名詞が＜人＞という意味合いを表わすためには、動詞のなかで＜移動動詞＞と組み合わさるべきであろう。

②の文では、共産党という名詞が「場所」という意味合いを表わす場合であるが、この意味合いを表わすためには、動詞のカテゴリーのなかで＜社会活動を表わす動詞＞の「遊ぶ」という動詞と組み合わさることが要請される。すなわち、共産党という名詞が＜場所＞という意味合いを表わすためには、動詞のなかで＜社会活動動詞＞と組み合わさるべきであろう。

③の文では、共産党という名詞が「建物」という意味合いを表わす場合であるが、この意味合いを表わすためには、動詞のカテゴリーのなかで＜変化性を表わす動詞＞の「焼ける」という動詞と組み合わさることが要請される。すなわち、共産党という名詞が＜建物＞という意味合いを表わすためには、動詞のなかで＜変化動詞＞と組み合わさるべきであろう。

④の文では、共産党という名詞が「組織」という意味合いを表わす場合であるが、この意味合いを表わすためには、動詞のカテゴリーのなかで＜生産を表わす動詞＞の「作る」という動詞と組み合わさることが要請される。すなわち、共産党の名詞が＜組織＞という意味合いを表わすためには、動詞のなかで＜生産動詞＞と組み合わさるべきであろう。このように多義語には、読んで字の

ごとく、いろいろな意味があるが、一つの文のなかで使われる場合は、一つの意味だけが使われるのである。

3-4-3. 例えと置き換え

ある単語が、意味を表わす場合、基本的な意味からはなれて、臨時に別の単語を使い、一種の例えとして使われる場合がある。このような場合、その意味合いを強調するか、その意味合いを具体的に表わす場合に、別の単語が置き換え用に用いられるのである。

○ 富士山が　白い　帽子を　かぶって　いる。(雲)

○ 蚊(か)の　鳴く　ような　声。(小さい)

○ 時間の　流れは　光の　ように　はやい。(速度に富む物質)

○ この　肉は　ゴムの　ように　かたい。(硬い物質)

3-4-4. 基本的な意味と派生的な意味

単語には、基本的な意味と派生的な意味合いとがあり、文を構築する際にこれらの意味合いがすこぶる有効に働く。特に、多義を表わす単語は、ある特定の単語と組み合わさることで、その基本的な意味からズレて、派生的な意味合いを指し示す場合がある。例えば、「口(くち)」という単語は、身体の一部を表わす場合が基本的な意味であり、モノの意味合いを表わす場合が派生的な意味である。

＜例)「口(くち)」の場合＞

基本的な意味	・花子の　口は　きれい。
派生的な意味	・コーラ瓶の　口は　丸い。

「道」の場合、

○ 東京から　大阪までの　道。(もの)

○ 人生の　道。(ことがら)

「薬」の場合、

○ 風邪の　薬を　飲んだ。(医学)

○ これではまだ　発破の　薬量に　達していない。(火薬)

「足」の場合、

○ 疲れて　足が　棒に　なった。(人の足)

○ 机の　足が　折れた。(モノの足)

多義語には、その名のごとく、複数の意味のあることが特徴であるが、それらの意味のなかでも、基本的な(もとの)意味と派生的な意味とが、別々の文のなかで使われる。具体的には次のような例が挙げられよう。

○ その子どもは　顔が　きれい。(基本的な意味)

○ 売れる　営業マンの　顔は　広い。(派生的な意味)

○ 恋人の　足は　大根だ。(基本的な意味)

○ 暴力団から　足を　洗った。(派生的な意味)

○ キリンの　首は　長い。(基本的な意味)

○ 会長は　平社員(ひらしゃいん)の　首を　きった。(派生的な意味)

多義語のなかでは、基本的な意味が人や動物の身体の一部分と派生的な意味がモノの意味を指し示す場合がある。

○ 王様の　耳は　大きい。(人)

○ パンの　耳が　こげた。(もの)

○ ころんで　歯が　折れた。(人)
○ 包丁の　歯を　とぐ。(もの)

○ 鷹の　つばさは　大きい。(動物)
○ 旅客機の　つばさが　長い。(もの)

○ 人の　頭を　打つ。(人)
○ 釘の　頭を　打つ。(もの)

基本的な意味が、実際のモノの意味から、別のモノの意味を指し示される場合もある。

○ たたみに　針を　さす。(基本的な意味)
○ 時計の　針が　動かない。(別のモノ)

動詞にも、次のような多義語が認められる。

○ 富士山の　上に　雲が　浮かんで　いる。(水や空気の上にとどまっている状態)
○ 留学中の　思い出が　脳裏に　浮かんで　きた。(何かを思い出す場合)

○ 山を　くずす。(整っている状態を乱れた状態にする)
○ お金を　くずす。(おおきな金をこまかくする)

○ あの女は　男に　冷たい。(思いやりがない)
○ 氷水(こおりみず)は　冷たい。(温度が低い)

多義語が表わす基本的な意味が、派生的な意味を表わす場合、両者間にはいろいろな関係が生じるのである

1) 空間から時間の変化へ

空間的な距離	時間的な距離
・東京と　大阪の　あいだ。 ・会社の　前に　スーパーが　ある。 ・ヨーロッパの　国々は　遠い。 ・少女の　髪は　短い。 ・ここから　自宅が　近い。	→ 春と　秋の　あいだ。 → 試験の　前に　勉強する。 → それは　遠い　昔の　話でした。 → 恋人との　愛は　短かった。 → 夏休みが　近い。

2) 移動から状態の変化へ

移動の変化	状態の変化
・屋上から　下がる。 ・東京を　出る。 ・車が　流れる。	→ 人気が　下がる。 → 力が　出る。 → 約束が　流れる。

3) モノから事柄の変化へ

モノの変化	事柄の変化
・公園の　道。 ・腕に　ひもを　巻く。 ・かべに　絵を　はる。	→ 出世の　道。 → 腕が　いい　医者。 → 論文執筆が　かべに　ぶつかった。

4) 感覚から感情の変化へ

感覚の変化	感情の変化
・冷たい　ジュース。 ・明るい　映画館。 ・温かい　部屋。	→　冷たい　こころ。 →　明るい　性格。 →　温かい　ふんいき。

5) 身体の部分からモノの部分へ

身体の部分	モノの部分
・けがした　足を　治療する。 ・首が　長い　美人。 ・腕が　丈夫な　野球選手。	→ 椅子の　足を　修理する → ボトルの　首が　割れた。 → ロボットの　腕。

第4章.
文とは何か？

4−1.文の成分

言語活動の最小の単位として、その機能を果たすべく、単語と単語とが組み合わさり、ここに文が生れるのである。また、単語だけではなく、連語や慣用句も文を組み立てる構成要素となることがある。文とは、話し手の一つの思考のかたまりで完結した言語表現の単位であり、基本的な構造は、主語と述語との関係で構成される。一見、主語もしくは述語がないように見える場合も論理上、必ずそれらは存在する。

上述したように、単語は原則として個人が恣意的に作り出せるものではないのに対し、文は 話し手(書き手)の表現能力によって、無限に生産することができる。言語技能(Skill)のなかで、話し手による「話す技能」と、書き手による「書く技能」は、言語そのものが生産されるという意味から「産出言語」とも称される。

単語が文を構築する場合は、＜文法的な意味と品詞性＞を帯びつつ参加し、文の成分を理解するためには、特に品詞の種類に注視すべきである。文法的なカテゴリーとして、話し手の心的態度を表わすという「モダリティ」を、「陳述」「法」「ムード」とも称する。

4-1. 文の成分とは何か？

単語と単語とが組み合わさり文を構築する場合、それぞれの単語は、一定の成分を表わすのである。文を構成する成分は、主語と述語とで一組になっているが、文はいくつかの成分から組み立てられている。文の成分には、主語・述語・対象語・修飾語・状況語・規定語・独立語などがあって、それぞれ異なった働きをなす。なかでも主語と述語は、とりわけ重要な文の部分である。

まず、主語と述語との関係からみた文の組み合わせをどう見るかは、四つに大別される。この四つは、述語のかたちによって以下のように分けられる。

＜文の基本的な型＞

主語	述語	述語の型	例
1) 何が(は)	どうする。(型の文)	動詞	·犬が　走る。
2) 何が(は)	どんなだ。(型の文)	形容詞·形容詞動詞	·山は　高い。
3) 何が(は)	何だ。　(型の文)	名詞＋付属語	·これが　パソコンだ。
4) 何が(は)	ある·ない (型の文)	存在を表わす言葉	·鉛筆が　ある。

1) 何が(は) ···どうする型の文

述語を示す品詞が、動詞で表わされる場合は、「動詞述語文」という。

○ 父が　会社に　行く。

○ 子どもが　母親に　手紙を　書く。

○ 建設　現場で　道路を　造る。

○ 東京に　初雪が　降った。

2) 何が(は) ···どんなだ型の文

これは述語を「どんなだ」のような、形容詞·形容動詞で表わす場合である。

述語を示す品詞が、性質や状態を表わす形容詞や形容動詞である場合は、「形容詞述語文」という。

○ 富士山は　高い。

○ 世界は　広い。

○ 冬の　海は　穏やかだった。

○ 図書館は　静かだった。

3) 何が(は)　・・・何だ型の文

これは述語を示すものが、「名詞＋助動詞」のようなかたちで表わされる場合である。

例文からも知られるように、文末を「名詞＋だ(です)」のような形で表わされる場合は、名詞述語文という。

○ 三郎は　歌手だ。

○ その彫像(ちょうぞう)は　犬だ。

○ あそこが　大学の　本部です。

4) 何が(は)　・・・ある・ない型の文

これは述語が「ある(ない)」のようなかたちで表わされる場合である。すなわち、存在を表わすような文となる場合である。

○ 部屋には　子どもが　いる。

○ 動物園には　コウライキジ（高麗雉）が　いる。

○ 道路には　桜の　並木が　ある。

○ 彼には　知恵と　勇気が　ある。

4-1-1. 主語と述語

文の成分のなかで、述語は人やモノの動き・状態・存在・性質などを表わす。その動きや状態や性質の持ち主を表わす文の成分は主語である。その主語は、一般的に名詞で示される。

○ 太郎は　学校に　行く。

○ 学生が　運動場を　走る。

○ ニホンザル(日本猿)が　木の枝を　登って　いる。

○ 秋には　青空が　高い。

○ 富士山で　見る　ご来光は　きれい。

○ 日本の　寿司は　美味しい。

○ この　ぬいぐるみは　猫だ。

○ キュウリは　野菜です。

4-1-2. 対象語

対象語は、述語にかかっていて、動きや状態が成り立つために、必要な人やモノを表わしている。要するに、動詞による働きの対象を指す。具体的には以下のような例が挙げられよう。

1) 働き掛けを受ける対象

○ 太郎は　自転車を　壊しました。

○ 会社の　課長は　いつも　平社員を　いじめる。

○ 母は　そば粉を　こねて　います。

2) 作り出す対象

○ おばあさんは　千羽鶴を　作って　いる。

○ 父は　家族の　ために　家を　建てる。

○ お姉さんが　セーターを　編んで　くれました。

○ お母さんが　炊飯器で　ご飯を　炊きました。

4-1-3. 修飾語

修飾語とは、動詞や形容詞で示す内容の出来事や様子を詳しく表わすべく、述語で指し示す動作や状態の様子や程度を付け加えて、文の内容を拡大する部分をいう。

○ その　エチオピア人の　マラソン選手は　素足で　走った。

○ 北京の　夏は　ばかに　暑い。

○ 田中耕一は　まじめに　研究して　きた。

○ 日本の　天ぷらは　なかなか　美味しい。

4-1-4. 状況語

状況語は、出来事やありさまの成り立つ状況を述べるべく、時や場所、原因や目的を示して、文を拡大する文の部分をいう。

○ 日曜日　運動場で　サッカーの　試合が　ある。

○ 休憩時間の　うちに　食べて　おきなさい。

○ 風邪を　ひいたから　明日は　会えない。

○ 未来の　ために　一生懸命に　頑張るんだ！

○ 僕は　今日も　アルバイトに　行きました。

4-1-5. 規定語

規定語とは、基本的には、修飾の働き(特徴の付与)と決め付け(モノの限定)の働きとの二つの働きを持つ連体修飾語をいう。規定語には、修飾の働きかけの規定語と、決め付けの規定語とに大別される。

○ 小さな　犬が　大きな　狼を　追い払った。

○ 村の　前には　広い　平野が　ある。

○ 英語は　おれの　得意な　科目だ。

4-1-6. 独立語

独立語は、文のなかで、他の文の部分と直接結び付かない文の部分を表わす場合である。主に、感情・呼びかけ・受け答え・あいさつ・かけ声などを表わす。このような意味合いを表わす単語は、主語・述語・修飾語・被修飾語といった文の主要な構造とは関係なく言い表わすことができる。

1) 感情を表わす場合

：驚きや・悲しみ・喜びを表わす場合

○ おやっ、変だぞ。

○ まあ、きれいな花ですね。

○ やあ、久しぶりだね。

○ おっと、危ない。

○ あっ、大変だぞ。

○ ああ、いい天気だわ。

2) 呼びかけを表わす場合

○ もしもし、野川先生ですか。

○ おおい、学生諸君、こちらを　見てよ。

○ こら、待てっ！

○ ちょっと、お母さん。

3) 受け答えを表わす場合

：相手に対する受け答えを表わす場合

○ はい、分かりました。

○ いいえ、分かりません。

○ ええ、そうです。

4) あいさつを表わす場合

：あいさつを表わす場合

○ こんにちは、いい天気ですね。

○ さようなら。

○ 失礼！

5) かけ声表わす場合

：自然に出て来るかけ声を表わす場合。

○ よいしょ。

○ どっこいしょ。

○ それ、いけ。

○ そら。

第5章.
品詞とは何か？

単語を規定する場合、(1)「音(音声)」で表わすこと、(2)その音に「意味」が焼き付けられていること、(3)また、意味を有した音は、品詞性が内在した「機能」を表わすこと――の計三つの条件をすべて充たした場合、はじめてそれを「単語」であると規定できる。ここで、「機能」というのは、品詞性を有することをいう。この機能があるからこそ、単語が文を構築する際に、有効に働くこともできるのである。

品詞とは、単語を文法上の性質・機能・形態・意味などを表わす根拠にもとづいて分類した結果を指す。単語には、いろいろな種類がある。例えば「牛・猫・車・船・父・兄」のような単語を名詞という。また「行く・帰る・食べる・割る・乾く・ある」のような単語を動詞という。ではなぜ、このように単語を種類ごとに分けるのか?

単語を種類ごとに分けるのには、およそ以下のような三つの理由が挙げられよう。

1) 単語ごとに意味の違いがあるから。名詞は、人やモノや生き物、時間、場所などを指し示している。一方、動詞は、動きや状態の変化、存在などを指し示している。
2) 形の作り方(変化のしかた)に違いがあるから。具体的には単語には語形変化があり、動詞の場合は「活用」、名詞の場合は「曲用」という。例えば、「読む」という動詞が「読まれる・読ませる・読める」と立場をかえるように、もとになる立場の動詞は、いろいろな立場の動詞に変化する。ところが、形容詞にはこうした事象が認められない。また、動詞には、勧誘(誘いかける)形や命令形があっても、形容詞には見当たらない。

3) 文のなかでの単語の役目(働き・機能)に違いがある。名詞は、文のなかで主語・対象語・状況語となるが、動詞の場合、その主な役目は述語になることである。

単語は、文を構築できる構成要素である。この単語は、1)意味、2)形の作り方(変化の仕方)、3)文のなかでの役目(働き)にしたがって、名詞・動詞・形容詞・副詞などにわかれてゆく。こうした単語の種類を「品詞」と称する。

品詞の分け方はいろいろと考えられるが、日本語文法にあって常用されているのは、名詞・動詞・形容詞・副詞・連体詞・接続詞・終助詞・感動詞である。

5-1. 名詞とは何か？

名詞は、モノ・人・生き物・場所・事柄・時（とき）という語彙名付け的な意味特徴を表わす単語である。＜運動のし手＞あるいは＜性質の持ち主（所有者）＞という意味構造と＜補う＞という機能構造を分担する補語になることを基本的な役目とする。

名詞は、一般的に、「に・で・へ・と・を・から・まで・の・も・だ・です」などと結合し、文の構造を構築する構成要素として文に参加し、主語(が格、は)・述語(だ・です)・対象語・規定語・状況語などを表わすことができる。

○ 父は　まず　メガネを　外した。

○ トンボが　盛んに　秋空を　飛んでいる。

○ 堀田道夫は、ベンチで　新聞を　読んでいる。
○ 歌の　掲載の　順序は　歌が　製作された　時の　順序に
　従った。
○ 私は　富士山も　のぼった。
○ 田中は　日本の　首相だ。
○ 田中氏は　日本の　首相です。

また、人や物の動きや状態・性質などを指し示す単語の場合でも、格助詞と結合し、名詞としての働きを示し得る。具体的には以下のような例が挙げられよう。

○ 選手の　走りが　よくない。
○ 母は　赤ちゃんの　歩（あゆ）みを　みて　喜んだ。
○ 津波の　高さが　高く　なって　くるぞ。
○ ゴーヤーの　苦みが　夏の　元気の　素！
○ 花と　みどりで　未来を　つなぐ。

＜疑問詞＞の場合、

・なに（だれ）が、なに（だれ）は、なに（だれ）も
・なに（だれ）を、なに（だれ）に、だれと・・・

5-1-1. 名詞の種類

名詞は、一般的に普通名詞（具体名詞・抽象名詞）・固有名詞・数詞に分かれる。

① 具体名詞

1) **モノ**：机・自動車・鉛筆・靴・帽子・服・砂・水・鍋・柱・鞄
2) **人**　：大人・社長・医者・学生・太郎・男・外国人・農夫・猟師
3) **身体の部分**：手・足・頭・耳・顔・鼻・髪・腎臓
4) **動物**：牛・犬・猫・猿・ツバメ・さかな・みみず・なまず・蛇・ふくろう・鹿
5) **植物**：バラ・松・草・大根・キュウリ・トマト・松茸・稲・柳
6) **植物の部分**：根・幹・枝・葉・花
7) **人の動き**：登山・遠足・体操・マラソン
8) **現象**：音・光・風・雨・雷・色
9) **状態**：居眠り・地震・山崩れ・夕焼け

○ 彼とは　机を　並べて　勉強した　仲だ。

○ 大人に　なったら　何に　なり　たいの。

○ 手の　しびれの　原因は　いろいろと　考えられます。

○ 来月　1日から　牛の　レバ　刺しも　販売禁止に　なる。

○ バラの　病気に　ついての　説明です。

○ 木の　枝を　モチーフにした　本棚。

○ クレヨンしんちゃんが　遠足で　山に　登るゾ。

○「風が　吹けば　桶屋が　儲かる」という　話が　ある。

○ 木材生産地の　土砂　崩れが　原因と　なっています。

② 場所名詞

1) **建造物**：運動場・駅・飛行場・道・庭・台所・玄関・浜・麦畑
2) **自然**：空・海・山・池・川・湖
3) **動物や植物の部分**：耳・花・髪・足・腕・幹・葉・根
4) **組織**：学校・会社・国家・共和党・国会・病院・組合

○ 生徒が　運動場を　走り回る。

○ 空は　高く　風は　歌う。

○ 耳の　中に　超小型　イヤホン。

○「学校」とは、教師が　計画的・継続的に　教育を　行う機関。

③ 抽象名詞

1) **動作・作用**：勉強・研究・アルバイト・競走・食事 2) **物の変化**：増加・衰え・発生・値上がり 3) **性質・状態**：赤・青・黒・よい・冷たい・丸い・高い・金持ち・貧乏・健康・病気・夕焼け・曇り・明るさ・居眠り 4) **状態**：病気・明るさ・貧乏 5) **精神**：知識・心配・冷静・気迫・意識 6) **言語活動と関係**：うわさ・評判・ニュース・印刷物・歌・手紙・機号・印・名前 7) **心に関係**：思想・不満・気持ち・恐れ 8) **関係**：因縁（いんねん）・原因・代理・関係 9) **方角・位置**：右・上・横・東・中 10) **時間**：年・月・日・時

○ 頭が　良くなる　勉強の　仕方とは　努力を　無駄に　しない勉強法の　ことです。

○ 応募者の　増加で　競争が　激しく　なった。

○ 何て　美しい　夕焼け　だろう。

○ 目の　病気の　解説と　治療方法。

○ 日々　新しい　知識を　得る。

○ あの　小説は　評判の　高い　作品である。

○ 人間の　思想（ソフトウェア）を　誤作動（ごさどう）させる「思想のウイルス」というのが　ある。

○「先祖の　因縁は　いろいろな　相に　現れる　」と　その　宗教家は　語った。

○ 右の　背中の　痛みは　胆道疾患（たんどうしっかん）から　来る　場合が　多いそうです。

○ 生まれ年　ワイン　格安　&（アンド）　即　お届け。

④ 固有名詞

1) **山の名前**：富士山・阿蘇山・筑波山・三原山・浅間山
2) **河川の名前**：荒川・墨田川・黒部川（くろべがわ）・信濃川
3) **地方自治体の名前**：神奈川県・埼玉県・宮城県・新潟県・長野県・奈良県
4) **町の名前**：新宿・高田馬場・大手町・代々木・原宿・青山・上野・品川・池袋
5) **国の名前**： 日本・米国・英国・韓国・中国・フランス・トルコ・カナダ
6) **人の名前**：太郎・花子・田中・鈴木・高橋・木村・佐藤

○ 全国の 新幹線を 写真と動画で ご紹介しています。

○ 富士山が 見える 宿で 心ゆくまで ご堪能（たんのう）下さい。

○ 荒川は、埼玉県 および 東京都を 流れ 東京湾に 注ぐ 河川である。

○ 神奈川県は 関東地方の 南西部に 位置する 県。

○ 新宿のホテルの 宿泊プラン を 旅行会社8社 から 最安（さいやす）値検索（ねけんさく）した。

○ 欧米にはなぜ、日本に沢山（たくさん）いる「寝たきり老人」がいないのか？

○ 太郎は 花子に 花を プレゼントした。

⑤ 数詞名詞

1) 1， 2， 3， 4， 5， 6， 7， 8， 9， 10
2) 一つ・二つ・三つ・四つ・五つ・六つ・七つ・八つ・九つ・十
3) **人数を数える場合**：一人・二人・三人・四人・五人・・・
4) **牛・猫・虫・魚などを数える場合**：一匹・二匹・三匹・四匹・五匹・・・
5) **本・ノートなどを 数える場合**：一冊・二冊・三冊・四冊・五冊・・・
6) **鉛筆・びん・木などを数える場合**：一本・二本・三本・四本・五本・・・
7) **紙・服・着物などを数える場合**：一枚・二枚・三枚・四枚・五枚・・・
8) **靴・下駄・靴下などを数える場合**：一足・二足・三足・四足・五足・・・
9) **機械・乗り物などを数える場合**：一台・二台・三台・四台・五台・・・
10) **家を数える場合**：一軒・二軒・三軒・四軒・五軒・・・
11) **スーツ・オーバーなどを数える場合**：一着・二着・三着・四着・五着・・・
12) **山など高さの場合**：1合目・2合目・3合目・4合目・5合目・・・

5-1-2. 国研の名詞分類

日本の国立国語研究所の『分類語彙表(増補改定版)』(2004)大日本図書では、名詞の分類について、およそ次のようにカテゴリー化している。まず上位のカテゴリーとしては、1.1　抽象的関係、1.2　人間活動の主体、1.3　人間活動－精神および行為、1.4　生産物および用具、1.5　自然物および自然現象の計五つから成る多様なカテゴリー化を行っている。

1. 体の類

1.1　抽象的関係

1.10	事柄	1.1000	事柄
1.11	類	1.1100	類·例
1.12	存在	1.1200	存在
1.13	様相	1.1300	様相·情勢
1.14	力	1.1400	力
1.15	作用	1.1500	作用·変化
1.16	時間	1.1600	時間
1.17	空間	1.1700	空間·場所
1.18	形	1.1800	形·型·姿·構え
1.19	量	1.1900	量

1.2　人間活動の主体

1.20	人間	1.2000	人間
1.21	家族	1.2100	家族
1.22	仲間	1.2200	相手·仲間
1.23	人物	1.2300	人種·民族
1.24	成員	1.2400	成員·職
1.25	公私	1.2500	公私
1.26	社会	1.2600	社会·世界
1.27	機関	1.2700	機関

1.3 人間活動－精神および行為

1.30	心	1.3000	心
1.31	言語	1.3100	言語活動
1.32	芸術	1.3200	創作·著述
1.33	生活	1.3300	文化·歴史·風俗
1.34	行為	1.3400	義務
1.35	交わり	1.3500	交わり
1.36	待遇	1.3600	支配·政治
1.37	経済	1.3700	取得
1.38	事業	1.3800	事業·業務

1.4 生産物および用具

1.40	物品	1.4000	物品
1.41	資材	1.4100	資材·ごみ
1.42	衣料	1.4200	衣料·綿·皮·糸
1.43	食料	1.4300	食料
1.44	住居	1.4400	住居
1.45	道具	1.4500	道具
1.46	機械	1.4600	灯火
1.47	土地利用	1.4700	地類（土地利用）

1.5 自然物および自然現象

1.50	自然	1.5000	自然
1.51	物質	1.5100	物体·物質
1.52	天地	1.5200	宇宙·空
1.53	生物	1.5300	生物
1.54	植物	1.5400	植物
1.55	動物	1.5500	動物
1.56	身体	1.5600	身体
1.57	生命	1.5700	生命

5-2. 動詞とは何か？

動詞は、＜運動·動作·動き·変化·状態·存在＞などという語彙的な、名付け的な意味特徴を帯びた単語である。「し手の運動」という意味構造をもち、（述べて締めくくる）という機能構造を分担する述語になることを、その基本的な働きとする。

動詞の動きが＜疑問詞＞として、 どうする(した)か・どうするだろうか・どうしている(いた)か・ どうしようか・どうしろか・どうしたか・・・

○ 子どもたちは　運動場まで　走った。

○ 犯人は　空き部屋に　いったん　逃げた。

○ そこの　板前で　徳さんと　いう　ひとが　いる。

動詞は、基本的に運動を表わす。もうすこし詳しくいうと、運動のなかには、＜動作＞を表わすもの、＜変化＞を表わすもののほか、＜状態＞、＜存在＞、＜関係＞を表わすものも含まれる。

5-2-1. 動詞の種類

1) 動作・動き

人やモノの動作や動きの意味合いを表わす。

行く·来る·帰る·戻る·はいる·出る·近づく·上る·走る·歩く·泳ぐ· 集まる·散る·立つ·飛ぶ

○ 生徒が　運動場を　走る。

○ ツバメが　空を　飛ぶ。

○ 野球選手達が　グラウンドに　集まる。

○ 木の葉が　あちらこちらに　飛ぶ。

2) 言語活動

言葉による表現や言語活動の行為の意味合いを表わす。

言う· 話す· 読む· 書く· 聞く· 歌う· たずねる· 申し込む

○ 息子は　やっと　片言を　言う　ように　なった。

○ 旅行先で　日記を　書いた。

○ 望郷の　心を　歌った　詩。

3) 生産(消滅)·産業

生活に必要な物資などを作り出すか、採取·育成する活動の意味合いを表わす。

作る·作り出す·うむ(生·産)·生み出す·産み出す·開発する·減産する

○ 果汁と　砂糖で　シロップを　作った。

○ ゴミ　圧縮機　「プレモ」を　開発している　企業。

○ ニワトリは　次の日も、金のタマゴを　産みました。

4) 生理現象

人間の生理的な現象の意味合いを表わす。

笑う·寝る·食べる·痛む·泣く

○ 腹を　抱えて　笑った。

○ 朝ご飯は　しっかり　食べる。

○ 講演者の　話に　感動して　泣いた。

5) 人(モノ)の状態の変化

人やモノの状態の変化という意味合いを表わす。

開く·落ちる·割る·曲がる·乾く·倒れる·増える·散る·肥る·壊れる·温まる

○ 大雨で　川の　水が　増える。

○ もうすぐ　霧が　晴れる。

○ やかんの　お湯が　冷める。

6）状態を表わす

それまでの様子が変化したことを示す。

増える・減る・変る・異なる・違う・目立つ

○ 炭鉱の 閉山で　人口が　ひどく　減る。

○ 鼻や　毛穴の　黒ずみが　目立つ。

○ 私は　彼とは　意見が　異なる。

7）自然現象

自然界の現象を表わす。

(雨・雪が)降る・(雷が)鳴る・吹く・(氷が)張る・咲く・(芽が)出る・(夜が)明ける・(日が)暮れる

○ 雨が　ひどく　降って　いる。

○ チューリップは　春に　咲く。

○ 夏は　5時に　夜が　明ける。

8）社会的な活動

人間による社会的な活動を表わす。

売る・買う・争う・遊ぶ・伝える・盗む・預ける・

○ あの店では　果物を　安く　売っている。

○ 卒業してから　三年になるが、まだ　遊んでるぜ。

○ 保管所に　荷物を　預ける。

9) 態度

人(動物)による態度の意味合いを表わす場合である。

立つ·座る·従う·逃げる·拝む

○ 東海道　新幹線で　電源のある　席に　座る　方法。

○ 電力不足、計画停電に　不安…　沖縄に　逃げる　データセンター。

○ 助けを　求めて　神を　拝んだ。

10) 認識·思考

人の認識や思考の意味合いを表わす。

知る·忘れる·考える·気づく·調べる·数える·決める·選択する·思い出す

○ ニュースで　事件を　知った。

○ 解決の　方法を　考える。

○ 10から　1まで　逆に　数える。

11) 感情

喜·怒·哀·楽といった感情表現の意味合いを表わす場合である。

喜ぶ·怒る·悲しむ·好く·怒る·驚く·困る·嫌う

○ 大学の　合格を　喜ぶ。

○ 宇宙の　神秘に　驚いた。

○ 4. 5万人が　野田に　怒って　いる。

○ 石原慎太郎は　なぜ　パチンコ業界を　嫌うのか。

12) 感覚

視覚·聴覚·嗅覚·味覚·触覚などのように、五感によって感じられる認識の意味合いを表わす場合である。

見る・痛む・匂う・感じる・しびれる

◯ 夜中に　星空を　みる。

◯ 家が　揺れるのを　感じた。

◯ 指の　切り　傷が　痛む。

◯ 寒さで　手足が　しびれた。

13) 人(動物)・モノの存在

人・動物・モノの存在の意味合いを表わす場合である。

ある・いる・存在する

◯ 屋上の　レストランには　お客さんが　いる。

◯ 机の　上には　ノートパソコンが　二台　ある。

◯ 地下室の　倉庫には　ネズミが　おりました。

14) 関係

二つ以上の物事が、互いに関わり合うような関係の意味合いを表わす。

かかわる・属する・所属する

◯ あの事件は　命に　かかわる　問題である。

◯ 鯨は　魚ではなく　哺乳類(ほにゅうるい)に　属する。

◯ 私は　会社の　出版部に　配属された。

5-2-2. 奥田の動詞分類

以下は、奥田靖雄氏(1992・北京外国語学院での講義資料)著「日本語の動詞の研究・動詞論」(未公刊)をベースとして、著者がさらに手を加えた動詞の分類である。ここでは特に、それぞれのカテゴリカルに注目してほしい。

1. 人間の肉体的な動作

1-1. 対象に働きかける動作

1-1-1. 対象の状態に変化を与える動作

空ける・暖める・炙(あぶ)る・洗う・炒める・打ち砕く・押し倒す・折る・咬み切る・乾かす・刻む・崩す・砕く・包む・削る

1-1-2. 対象を作り出す動作

編む・産む・築く・組み立てる・炊く・建てる・作る・縫う・孕む・掘る・沸かす

1-1-3. 対象の空間的な配置をかえる動作

和える・当てる・入れる・植える・打ち込む・埋める・置く・負ぶう・抱える・隠す・掛ける・重ねる・飾り付ける・飾る・担ぐ・被る・刈る・切る・汲む・加える

1-1-4. 対象を空間的に移しかえる動作

上げる・集める・移す・落とす・下ろす・流す・投げる・運ぶ・放り投げる・放る・蒔き散らす・蒔く・回す・持って行く・持って来る

1-1-5. 対象に接触する動作

打つ・押さえる・押す・掻く・咬む・蹴る・擦り付ける・擦る・小突く・擦(こす)る・触る・しゃぶる・叩く・摑(つか)む・つく・つっつく・抓る・摘む・殴る

1-2. 自己運動としての動作・変化

1-2-1. 空間的な移動

上がる・集まる・歩き通す・歩く・至る・移る・追いかける・追う・落ちる・泳ぐ・降りる・帰り着く・帰る・駆け込む・駆け出す・駆け登る・駆ける・下る・来る・超える・越す

1-2-2. 空間的な位置関係にはいる動作

負ぶさる・咬み付く・しゃぶりつく・縋り付く・縋る・抱きつく・飛びかかる・飛びつく・取り囲む・並ぶ・乗り込む・乗る・向かい合う・凭れかかる・凭れる・寄りかかる

1-2-3. ふるまい

うつ向く・うなづく・呻く・起きる・屈む・腰掛ける・転ぶ・叫ぶ・しかめる・しゃがむ・座る・そっくり返る・倒れる・佇む・立つ・つまづく・泣く・寝そべる・寝る

2. 心理的な活動

2-1. 感性活動

味わう・嗅ぐ・聞きかじる・聞き込む・聞き出す・聞きつける・聞き取る・聞く・眺める・睨み付ける・睨む・覗き込む・覗く・望む・見上げる・見下ろす・見つめる・見回す・見る

2-2. 思考活動

思う・考えつく・悟る・知る・例える・判断する・間違える・みあやまる・見立てる・見なす・見破る・見分ける・解る・弁(わきま)弁える・忘れる・

2-3. 言語活動

謝る・言い切る・言い張る・言う・承る・唄う・打ち明ける・おっしゃる・書く・語る・聞く・腐す・口走る・口説く

2-4. 意思活動

思い立つ・決める・企てる・心がける・志す・企む・誓う・慎む・願う・望む・)図る・目指す・もくろむ・許す

2-5. 調査活動

漁る・洗い直す・改める・占う・書き出す・数える・比べる・探す・探る・調べる・確かめる・試す・突き止める・計る・見きわめる・見抜く

2-6. 態度的な動作

押し掛ける・訪れる・避ける・訪ねる・待ち受ける・待つ・見送る・見舞う・やり過ごす

2-7. 表現的な動作

歌う・おどける・踊る・振る舞う・舞う

2-8. 論理操作

一般化する・演繹(えんえき)する・かける・帰納(きのう)する・比べる・加える・公約する・解釈する・説明する・足す・抽象(ちゅうしょう)（化）する・比較する・引く・割る

3. 変化

3-1. 物の様変わり

赤らむ・開く・温(あたた)まる・現れる・浮かぶ・浮く・茹(ゆ)だる・埋まる・生まれる・折れる・掛かる・重なる・炊(かし)ぐ・固まる・傾く・被(かぶ)さる・絡まる・絡む・乾く

3-2. 生き物の変化

熟れる・枯れる・咲く・茂る・萎(しぼ)む・散る・根付く・生える・実る

3-3. 人の生理的な変化

生き返る・飢える・産む・おいぼれる・老いる・かぶれる・肥える・死ぬ・育つ・眠る・老ける・肥る・むくむ・目覚める・痩せる・やつれる・酔う・若返(わかがえ)る

3-4. 状態の変化 ·出現

起こす·形作る·醸す·来す·静まる·沈める·狭まる·狭める·高まる·高める·強まる·強める·早まる·深める·巻き起こす·もたらす·催す·和らぐ·弱まる

4. 状態

4-1. 人間の生理 ·情動的な状態（確認すること）

呆れる·汗ばむ·（胸が）痛む·苛立つ·浮かれる·疼く·恐れ入る·恐れる·驚く·怯える·悴む·哀しむ·悔しがる·眩む·凍える·怖がる·痺れる·高ぶる·たまげる·和む

4-2.場所の状態

込み合う·混む·混雑する·ざわつく·ざわめく·どよめく·賑わう

5. 自然現象

5-1. 物の状態

荒れる·凍てつく·うねる·音がする·香る·輝く·霞む·きしむ·煙る·時雨れる·敷ける·そよぐ·棚引く·照りつける·照る·轟く·凪ぐ（風が静まる）·靡く·波立つ·臭う

5-2. 物の運動

上がる·落ちる·こぼれる·転がる·滴る·ずり落ちる·漂う·垂れる·飛び散る·流れる·跳ね返る·迸る·回る·漏れる

6. ヤリモライ活動

あげる·預ける·与える·頂く·売る·買う·貸す·借り入れる·借りる·くれる·差し上げる·所有する·払う·施す·恵む·持つ·貰う·遣る·譲る

7. 人間的な接触

会う・会見する・出会う・別れる

8. 社会的な活動

8-1. 社会的な活動

商う・稼ぐ・暮らす・住む・育てる・仕える・勤める・働く・養う

8-2. 態度的な活動

争う・従う・攻める・守る

8-3. 人間の社会的な状態の変改

結婚する・就職する・出世する・卒業する・退院する・退学する・入院する・入学する・離婚する・別れる

8-4. 人間の社会的な状態をかえる活動

雇用する・娶(めと)娶(めと)る・召し抱える・雇う

8-5. 集団の活動

運営する・管理する・経営する・搾取する・支配する・搾り取る・消費する・生産する・占領する・滅ぼす・抑圧する

9. 特性・関係・存在

9-1. 特性

赤ちゃけている・垢抜けている・脂(あぶら)ぎっている・ありふれている・切り立っている・際だっている・括れている・窪んでいる・こましゃくれている・込み入っている・逆立っている・しみったれている・しゃくれている・優れている・ずば抜けている

9-2. 関係

価する・当たる・意味する・かけ離れている・異なる・指し示す・指す・接している・聳えている・違う・並んでいる・似ている・控えている・向かい合っている・面している

9-3. 存在

有る・居る・存在する

5-3. 形容詞とは何か？

形容詞は、名詞で示されるモノや事柄の「性質・状態」という意味構造と、文の中で規定語になることを主な働きとする。形容詞はまた、述語としても働き、そのことと関わって活用の体系をもつのである。

形容詞の場合、「い形容詞・第一形容詞（形容詞）」「な形容詞・第二形容詞（形容動詞）」のように、いろいろな用語を用いるが、ここでは、学校文法を中心とする伝統的な用語に従って、形容詞と形容動詞の二つの用語を用いる。

○ 子どもが　高い　山を　登った。（形容詞）

○ 美しい　桜の花が　校庭に　咲く。（形容詞）

○ 真っ黒な　煙が　立ちのぼった。（形容動詞）

○ イチロー（一郎）は　有名な　野球選手である。（形容動詞）

5-3-1. 形容詞の種類

形容詞の分類法はいろいろあるが、人やモノの性質や状態などを想定し、人の性質や状態、モノの性質や状態、ことがらの性質、また人の心の状態のように分類することができる。

1) 人の性質

形容詞	：賢い・ 大人しい・ずるい・勇ましい・
形容動詞	：まじめな・利口な・けちな・立派な・有名な

○ 賢い　女性は　上手に　男性を　操ります。

○ その　ずるい　男は　A君と　いいます。

○ 将来、立派な　大人に　なりたい。

2) 人の状態

形容詞	：小さい・大きい・太い・高い
形容動詞	：ぜいたくな・貧乏な・幸せな・不幸な・貧弱な

○ 当事者の　小さい　子も　きっと貴方から　学んだことは　あると思う。

○ あそこの　背が　高い　女子！

○ 幸せな　結婚を　する　ための　本。

3) 物の性質

形容詞	：赤い・はやい・甘い
形容動詞	： 丈夫な

○ あの　赤い　リンゴが　美味しく　みえる。

○ マラソンの　選手は　足が　はやい。

○ 丈夫な　傘を　捜しています。

4) 物の状態

形容詞	：大きい・広い・重い・軽い・丸い・少ない・明るい・新しい
形容動詞	：平らな・まっすぐな・巨大な・真っ赤な・真っ直ぐな

○ 大きい　バッグが　大好きです。

○ 丸い　お尻が　許せない。

○ 平らな　地面を　ゆっくり　歩いた。

○ 巨大な　恐竜の　卵の　化石群を発見。

○ あの日　人々は　真っ赤な　空を　見たのだろうか。

○ 真っ直ぐな　線を　描く。

5) 人の感情

形容詞	: 嬉しい・怖い・寂しい・有難い・恥かしい・苦しい・欲しい
形容動詞	: 好きな・嫌いな・残念な

○ 先日、とても　嬉しい　メールを　頂きました。

○ すごく　怖い　女性が　同じ　マンションに　越して　来た。

○ 残念な　ニュースです。

6) 人の感覚

形容詞	: 暑い・冷たい・かゆい・煙い・痛い・眠い・だるい
形容動詞	:

○ 北国の　冷たい　風が　吹いている。

○ ここ　1ヶ月ほど　ずっと　食後に　胃が　痛いです。

7) 事柄の性質

形容詞	: よい・悪い・正しい・煙い・痛い・眠い・だるい
形容動詞	: 無理な・もっともな・むちゃな・ばかな

○ よい　温泉の　施設　概要や　アクセス　情報です。

○ 今の　小学生って　こんな　難しい　問題　解いてるのか。

○ まず「正しい 走り方」を　知る　ことが　大事！

○ ひとりの　中年男が、とびっきり『無理な　恋愛』をした。

5-3-2. 属性·感情形容詞

形容詞や形容動詞を分類する場合、その特性によって「属性形容詞」「感情形容詞」のように分類する場合もある。人やモノの客観的な感情や感覚を表わす場合は「属性形容詞」、人の主観的な感情や感覚を表わす場合は「感情形容詞」とも言う。

1) 属性形容詞

属性形容詞は、物や人の客観的な性質や状態を表すものである。主格で示されるものは、性質や状態の持ち主を「形容」している。

形容詞	: 大きい·重い·早い·冷たい·丸い·大人しい·低い·短い·細い
形容動詞	: 有名な·元気な·丈夫な·きれいな·にぎやかな

○ リンゴが　大きい。

○ 鉄は　重い。

○ ふるさとが　恋しい。

○ その言葉が　うれしい。

○ お金が　欲しい

○ 太陽の　光が　まぶしい。

2) 感情·感覚形容詞

感覚形容詞は、物や人の主観的な感情や感覚を表すものである。主格で示されるものは、感情や感覚の持ち主を「形容」している。感覚形容詞は、対象として「が格」をとるのが特徴である。

形容詞	: 痛い·かゆい·まぶしい·眠い·悲しい·嬉しい·恋しい·愛しい
形容動詞	: 好きな·嫌(いや)な

○ のどが　痛い。

○ 足が　かゆい。

○ 彼女の　輝く　ばかりの　笑顔が　まぶしい。

○ とげが　痛い。

感情・感覚形容詞は、肯定文にあってはもっぱら話し手の感情や感覚しか表示できない。しかしながら、疑問文にあっては聞き手の感情・感覚をも問うことができる。

○ 私は　寂しいです。

○ あの人は　寂しい（の）ですか?

○ 頭が　痛いです。

○ どこが　痛い（の）ですか。

3) 感情・感覚の対象の「が」

感情や感覚を表わす形容詞の場合は、対象を表わす部分を「が」格で指し示すという点で、他の形容詞とは明瞭に区別される。

○ 私は　ふるさとが　恋しい　です。

○ 私は　彼の　言葉が　うれしかった　です。

感情は部分を示せないが、感覚は身体や精神の特定の一部分を指し示すことができる

○ 私の　頭が　痛い　です。

○ 私の　胸が　苦しい　です。

○ 私の　目が　かゆい。

○ 私の　手足が　寒い。

5-4. 副詞とは何か？

副詞は、単独で文を作ることができ、主として、連用修飾語(用言を修飾する語)となる単語である。副詞には単独では、主語や述語になれない、という特徴がある。

1) 動詞を修飾する場合。

○ 患者の　病状は　すっかり　よくなりました。

2) 形容詞を修飾する場合。

○ 富士山は　かなり　高い。

3) 形容動詞を修飾する場合。

○ 教室は　とても　静かだ。

副詞は、(1)動詞が示す運動や状態の質や様子・量・程度を限定する場合、および、(2)形容詞・(3)形容動詞が示す性質や状態・様子の程度を限定するという二つの場合がある。

○ 彼は　まだ　帰って　来ない。

○ 断じて　その　結婚には　賛成しないぞ！

○ 解決は　きわめて　難しい。

○ 1日中　ゆっくり　くつろいだ。

5-4-1. 副詞の作り方

他の品詞から副詞に転成される場合、その原材料として形容詞と形容動詞が指摘できる。形容詞が副詞に転成される場合は、語尾の「い」を「く」に変えると、形容詞は副詞（副詞的な、しかしあくまでも形容詞の変種と見る説もあるが）へと変わるのである。

1) 形容詞 → 副詞

形容詞	副詞	例文
高い	高く	·物価が 高く なる。
青い	青く	·空が 青く 晴れ渡った。
長い	長く	·麺を 長く 伸ばした。
大きい	大きく	·木を 大きく 育てた。
丸い	丸く	·ピザの 生地(きじ)を 丸く する。

また、形容動詞が副詞に転成される場合は、語尾の「な」を「に」に変えると、形容動詞は副詞（前出の場合と同様、副詞的な、しかしあくまでも形容動詞の変種と見る説もあるが）へと変わるのである。

2) 形容動詞 → 副詞

形容動詞	副詞	例文
元気な	元気に	・子どもが 元気に 育って いる。
丈夫な	丈夫に	・建物を 丈夫に 建てて いる。
静かな	静かに	・深い 川は 静かに 流れる。
真っ赤な	真っ赤に	・太陽が 真っ赤に 燃えて いる。
大切な	大切に	・モノ 作りを 大切に する。
平らな	平らに	・砂の 山を 平らに する。

5-4-2. 副詞の種類

副詞の種類は、一般的に 動きや状態の様子を表わす副詞、量や程度を表わす副詞、陳述副詞、時間副詞のように大別できる。

1) 動きの様子

さらさら・ざあざあ・ゆっくりと

○ 夏の　小川が　さらさら（と）　流れる。

○ 風呂場で　湯を　ざらざら（と）　かける。

○ おじいさんが　ゆっくり(と) 腰を　上げる。

○ 一度　ゆっくり　お話し　したい。

2) 状態の様子

ピカリと・詳しく・堂々と・真っ直ぐに・のんびり・どっぷり

○ 猫の目が　やみに　ぴかりと　光った。

○ 今朝、私の実家に帰ってきて、のんびり年越ししています。

○ 墨に　どっぷりと　つける。

○ 胸を　張って　堂々と　歩きたい。

3) 量・程度

動詞が示す運動や状態の量・程度、形容詞が示す性質や状態による、「程度」を表わす場合である。

すこし・ちょっぴり・たくさん・うんと… ごく・わずかに・やや・はなはだ・きわめて・だいぶ… ひどく・ばかに・いやに・もうれつに…

○ 少し　辛い　ラー油が　入った　らーめんです。

○ あなたの　幸せを　ちょっぴり　分けてね。

○ 病状に　ついて「わずかに　改善を　見せている」と　伝えた。

○ はなはだ　残念で　ある。

○ この　本は　いやに　難しい。

○ もうれつ（猛烈）に　勉強する。

4) 陳述副詞

陳述副詞は、一般の副詞とは異なり、動詞・形容詞などが表わす内容をより詳しく叙述するものではなく、文が表わす内容に対し、話し手の程度・気持ちの取り上げ方などを表わすものである。

きっと・かならず・たぶん・断じて・どうぞ・もし・たとえ…

○ 高橋先生は　毎朝　かならず　散歩する。

○ たとえ　むだに　なっても　やって　みよう。

5) 時間副詞

動詞が示す、運動による時間の長さや程度を表わす場合である。

まもなく・やがて・いつか・かつて・さしあたり・当面・まだ… しばらく・ながらく…

○ 太郎が　帰って、まもなく　次郎が　来た。

○ 社会へ　出てから、やがて　2年に　なる。

○ 好天は　しばらく　続く　だろう。

○ 長らく　雨が　降らなかった。

5-5. 連体詞とは何か？

連体詞は、主に名詞を修飾し、主語・述語となることの不可能な品詞である。なお、形容詞が連体詞になる場合は、物事を限定する場合や、程度を示す場合に限られる、という特徴が見られる。

5-5-1. 連体詞の種類

・この・ある・高い・やや・さる・きたる・あらゆる・いかなる・いわゆる・たった・とんだ
・小さな・大きな・おかしな・同じ

○ こちらの　町では　この　店が　一番　大きい。

○ 世界中には　いろいろな　国が　ある。

○ 学校で習った筆順(ひつじゅん)をいわゆる「正しい筆順」として　認識しています。

○ ある　所に　お爺さんと　お婆さんが　住んで　いました。

○ 小さな水槽で淡水魚を飼育したいと考えてるのですが。

○ 家の　裏に　大きな　木が　ある。（×形容詞　○連体詞⇒＜注釈＞を参照）

○ やや　右側に　移して。（副詞）

注

1）連体詞と形容詞は、活用するか、活用しないかによって区別する。
○ 庭に　小さい　花が　ある。（形容詞）
○ 庭に　小さな　花が　ある。（連体詞）
「小さい」（～かろ、～かっ、～く、～い、～い、～けれ）
「小さな」（活用変化なし）

2）主語とその語をいれかえて文を作り、意味が通じれば形容詞である。
○ 裏には　大きい　木が　ある。（形容詞）
○ 裏には　木が　大きな。（意味が通じない）

3）連体詞と代名詞を区別する方法としては、名詞を修飾していれは連体詞、下に助詞が付いていれば代名詞である。
○ この　本は　面白い。（連体詞）
○ これは　面白い。（代名詞）

5-6. 接続詞とは何か？

接続詞とは、自立語として、語形変化せず、主語にも述語にも修飾語にもならず、接続語としてのみ働く単語を指す。これによって、文節・文・文章などが、その前や後ろに置かれた文との間にいかなる関係をもつかが提示されるのである。接続詞の分類の仕方は、意味で分けるのが一般的で、1）単語を接続するもの、2）文節を接続するもの、3）文を接続するもの、4）文章を接続するものの計四つに分けられる。

5-6-1. 接続詞の種類

1) 順接の接続詞

前の事柄と後ろの事柄が順当な原因・理由を表わし、あとの文が結果や結論などであることを表わす。

するとｰだから・それで・それから・つづいて・そして・で・それゆえ・ゆえに・したがって・そこで・そのため・かくして

○ 雨が　降りました。<u>だから</u>、運動会は　中止に　なりました。

○ 昨日　遠足に　行って来ました。<u>それで</u>、足が　痛いです。

○ 正義は　いつか　勝つのだ。<u>それゆえ</u>、あなた達も　正義感を忘れては　ならない。

2) 逆接の接続詞

前と後ろの内容が、反対のことや食い違うこと、当然の結果でないことを表わす。

されど・だが・が・しかし・けれど・けれども・だけど・でも・ところが・それなのに・しかるに

○ 日曜日は　休みたい。けれども、明日　試験で　頑張らなければいけない。

○ 雨が　降りました。しかし、出かけて　行った。

○ 一生懸命に　勉強しました。でも、成績は　向上しない。

3) 並立の接続詞

前の文のことがらと、後ろの文のことがらを対等に並べる。

または・および・ならびに・かつ・そしてまた・あるいは・もしくは・ないし

○「寿司」および「刺身」は、日本の　代表的な　食べ物である。

○ Internet Explorer9を　インストール　または　アンインストールする　方法を　説明します。

4) 添加の接続詞

前の文のことがらに、あとの文のことがらを、さらに付け加えることを表わす。

そのうえ・また・しかも・さらに・そして・それに・それから

○ 女性に　モテるには、恋愛　テクニックを　使い、そのうえ合コン(合同コンパ)の服装をしっかり　備える　事です。

○ 操作が　簡単に　なり、デザインや　見た目も　良くなりました。さらに　シンプルで　美しい。

5) 選択の接続詞

前の文の内容と、あとの文の内容のどちらか一方を選びとることを表わす。

または・あるいは・もしくは・それとも・つまり・すなわち・いわば・いいかえれば・いってみれば

○ 空路、または、陸路で　おいで下さい。

○ 行くか、それとも、行かないか、それが　問題だ。

6) 転換の接続詞

前の文の内容を打ち切って、話題が変わることを表わす。

さて・ところで・それでは・それより・では

○ お久しぶりですね、ところで、ご両親は　お元気　ですか。

○ 大阪は　食い倒(だお)れだと　言われます。では、東京は　何と呼ばれますか。

7) 説明・補足の接続詞

あとの文が、前の文の内容を詳しく述べたり、簡単にまとめたりして表わす。

ただし・なぜなら・いわば・例えば・要するに・つまり・すなわち

○ 彼は　会社の　代表者、すなわち　社長で　ある。

○ 私は早く起きました。なぜなら、本日試験があるからです。

8) 条件の接続詞

前の文の内容が、あとの文とが成立するための条件やきっかけであることを表わす。

○ すると・とすると・そうすれば・とすれば・そしたら・そうしたら・だとしたら・だったら・それなら・なら ○ そうでなければ・そうでないと・でなければ・でないと ○ それでも・だとしても・といっても

○ 悪が　あるのだとすれば、それは　人の　心だ。

○ 面会できないのですね。それなら、帰ります。

5-7. 終助詞とは何か？

終助詞は、文の終わりの述語となる単語の後に付随して、その文を完全に終らせ、感動・禁止・疑問・反語・強めといった意味を表わす。また、話し手と聞き手のあいだの認識のギャップをうめることにもかかわってくる接辞である。終助詞にも、むろんいろいろな種類がある。

○ ここが　東京駅　ですか。

○ 危険な　場所には　行くな。

○ 太郎君、合格したって、いいなあ。

○ あれが　富士山だよ。

○ 甲：明日、来てくれるかな？　乙：いいとも。

○ 暇さえ　あれば、いつでも　いいさ。

○ 今日は、いい　天気だね。

○ もう、行っちゃうの？

○ それなら、私が　やるわ。

○ 畜産農家「早く　出荷停止　解除しろや、　いくら　損失が　出ると　思ってるんだ？」（関西方言、標準語の「よ」に相当）。

○ みんな　死ぬ　気で　行くぞ。

5-7-1. 終助詞の種類

終助詞には、「か・な・よ・とも・さ・ね・の・わ・や・ぞ」のような種類があるが、文の構造にあっては、「疑問・質問・反語、感動、禁止、強調、強く言い切る」のような意味合いを表わす場合が多い。

1)「か」

文末で使われ、疑問・質問や反語などを表わす。

○ 早稲田大学は　どこですか。

○ 寿司の　食べ方　分かりますか。

> **注**
>
> その他の用法として、同意を求める場合がある。
> ○ 明日、一緒に　デート　しませんか。

2)「な」

動詞·形容詞·形容動詞の終止形にくっつき、禁止や希望の意味を表わす。聞き手の認識によって、話し手が自分の認識を確かなものにするときに使われる。

○ お前、そんなこと　言うな。(禁止)

○ 君、おしゃべり　するな。(禁止)

○ 早く　結婚　したいな。(希望)

○ 今回の　試験が　終ったら　旅行に　行きたいな。(希望)

3)「なあ」

感動や願望を表わす場合、「な」を長く発音した長音化したものである。

4)「よ」

話し手がすでに認識し、聞き手がまだ認識していない情報について、話し手が聞き手に対して、伝える必要があると判断して、伝えるときに使われる。いろいろな文につき、強めの意味を表わす。特に、命令、禁止、希求など、広い意味での働きかける文にもつくが、この場合も、話し手聞き手の間に認識のギャップがあって、話し手は、そのギャップをうめるために発言している。男女間で表現上の差異を見る。

○ あれは　富士山だよ。(男)

○ あれは　富士山だわ。(女)

○ 教室が　なぜか　静かだよ。(男)

○ 教室が　なぜか　静かだわ。(女)

○ きみ　先に　行って　いいよ。(男)

○ あなた　先に　行って　いいわ。(女)

5)「とも」

動詞·形容詞·形容動詞の終止形にくっつき、強い確信の気持ちを表わす。もちろんそうだと、受け合う気持ちを表わす文に使う。

○ 結婚式に　必ず　出席するとも。

○ もっと　元気出せ！　われわれは　まだ、十分　戦えるとも。

6)「さ」

主に、動詞などの終止形に付随し、自分の考えをあっさり言い放つことを表わす。「さ」は、話し手が確認、確信していることを、聞き手に対する説明として述べる文に使われる。

○ 来週まで　行くさ。

○ 勝ち　負けは　時の　運の　ことさ。

7)「ね」

いろいろな文につき、相手の気持ちをたずねようとする気持ちを表わす。「ね」は、聞き手の認識によって、または、聞き手の前で、話し手が自分の認識を確かなものにするときに使われえる。男女間で表現上の違いがある。

○ きみ達、気持ちは　いいかね。（男）

○ あなた達、気持ちは　いいわね。（女）

○ これで　間違い　ないね。（男）

○ これで　間違い　ないわね。（女）

8)「の」

動詞・形容詞・形容動詞の連体形につき、強く言い切る表現を和らげる働きを表わす。主に、女性が用いる表現である。

○ これは　私が　やるの。（動詞）

○ そうよ、これで　いいのよ。（形容詞）

○ 太郎君、あなたが　好きなの。（形容動詞）

9)「わ」

動詞・形容詞・形容動詞の終止形にくっつき、本当にそうだという気持ちを表わす。主に、女性が用いる表現である。女性である話し手が、自分の認識、判断したことを相手に伝える文に付随する。特に、自分の認識、判断したことを相手に伝えるという文に使われる、という点では、「よ」や「さ」と共通している。

○ 犯人は　彼に　間違い　ないわ。（形容詞）

○ 韓国の　K-Popは　今や　世界中で　有名だわ。（形容動詞）

○ そのことなら　私が　行くわ。（動詞）

10)「や」

形容詞や形容詞型の活用をする助動詞にくっつき、そうしてほしいという気持ちを表わす。元来は関西方言であるが、テレビ放送の発達により、現在では日本国内で広く一般的に用いられている。

○ 君、そんな　おしゃべり　やめようや

○ 今日は　ゆっくり　休みたいや。

○ 夏休み　早く　来いや。

○ 早く　準備しろや。遅れるだろ。

11)「ぞ」

動詞·形容詞·形容動詞の終止形にくっつき、発言の内容を強めることを表わす。「ぞ」はもっぱら男性語として用いられており、また、現代語では対等、または目下に対する発言のなかで使われる。それゆえ、こうした文体上の特徴とからんで、かなり強い言い方となる。

○ 間違い　ないぞ。(形容詞)

○ ミサイル　来ても　大丈夫だぞ。(形容動詞)

○ 私は　走るぞ。(動詞)

5-8. 感動詞とは何か？

感動詞とは、話し手の気持ちや態度という語彙陳述的な意味特徴をもつ単語として、活用しない自立語である。主に感情·呼びかけ·受け答え·あいさつ·かけ声などを表わす単語である。

○ まあ、これでも　見て　元気出して。

○ おい、こっち　来て。

○ はい、こちらです。

○ こんにちは。

上の例からもわかるように、主語·述語·修飾語、被修飾語などといった文の構造とはおよそ関係なく、独立した文節を構成することができる。

5-8-1. 感動詞の種類

1) 感情を表わすもの

：驚き・悲しみ・喜びを表わす場合。

○ おやっ！ヘアスタイルを変えたんだね。

○ まあ、　お茶でも。

○ やあ、　ようこそ、日本へ。

○ おっと、　危険ですよ。

○ あっ、　大変だぞ。

○ ああ、　いい　湯だな！

2) 呼びかけを表わすもの

：呼びかけを表わす場合。

○ おい、　やめろ！

○ おおい、　そちらの　君。

○ こら！　たまには　勉強しろ！！

○ ちょっと、　学生さん。

注

「おい」「こら」の場合は、話し手の発音の仕方によっては、相手を傷つける場合も少なくないので使用には十分に注意を要する。かつての日本では「おいこら」とは警察官の代名詞であったが、戦後は占領軍の指令により、さすがにだれかれかまわず警察官がこの言葉を発するということもなくなっている。

3) 受け答えを表わすもの

：聞き手に対する受け答えを表わす場合。

○ はい、　頑張ります。

○ いいえ、そんなこと　ありません。

○ ええ、　そうです。

○ うん、なるほど。

○ へい、こっちへおいでよ。

注

肯定の受け答えをする場合の「はい」の発音は、「は」の部分は強くて、「い」の部分は弱く、「は」と「い」の間は、短く発音したほうが、明確な表現になる。

4) あいさつを表わすもの

：挨拶の気持ちを表わす単語。

○ おはよう。

○ こんにちは。

○ こんばんは。

○ さようなら。

○ しつれい。

○ じゃあ。

5) かけ声を表わすもの

＜自然に出てくるかけ声を表わす単語。＞

○ よいしょ　　　：よいしょと　立ち上がる。

○ どっこいしょ　：どっこいしょと　荷物を　かつぎ　あげる。

○ ほいきた　　　　：ほいきた、僕の　出番だな。
○ それ　　　　　　：それ、出発だ。
○ そら　　　　　　：そら、みろ。

＜相手に注意や動作を促す単語＞

○ ほら、　　　　：ほら、見てごらん。
○ おい、　　　　：おい、しっかりしろ。
○ こらっ、　　　：こらっ、食べ物を　残しては　いけないぞ。
○ もしもし、　　：もしもし、三郎君　いますか。
○ ちょっと、　　：ちょっと、これを　見てもらえませんか。

注

感動詞は、どちらかといえば会話文のなかで用いられるのを特徴とする。また、文のはじめに示されるのが一般的であり、感動詞の後にはしばしば「！」や「？」あるいは「、」「，」が打たれており、その独立性をいやがうえにも引き立てている。

5-9. 擬声・擬態語とは何か？

人や動物やモノの音を直接まねして作ったもの、「わんわん」「ざあざあ」「ドンドン」「がらがら」のような音を「擬声語」という。そしてモノの状態や身ぶりなどの様子をまねして作ったもの、「つるつる」「じろじろ」「こっそり」のような音を「擬態語」という。

5-9-1. 擬声·擬態語の種類

主に人や動物の音声や物体の音をまねて、音で表わした単語のことである。

＜羊の鳴き声＞：「メーメー」

○ 羊の　牧場で　メーメーと　泣いている。

＜鐘・ゴング等の音＞：「ボーン・ゴーン・ガンガン」

○ あちらこちらの寺から　除夜（じょや）の鐘が　ごーんごーんと　鳴りだした。

○ 鐘の音にちなみ、人々は「ガンガン寺（でら）」とその教会を呼んでいる。（函館ハリストス正教会）

＜犬の鳴き声＞：「ワンワン」

○ その犬は私に向かってわんわんと　ほえついた。

＜カラスの鳴き声＞：「カーカー」

○ カラスが　カーカーと　鳴き続けた。

＜ガラスが割れる音＞：「ガチャン」

○ がちゃんと　窓ガラスが　割れた。

＜雷鳴のとどろき響く音＞：「ゴロゴロ」

○ 雷が　ゴロゴロと　鳴りだす。

＜爆発音・衝撃音＞：「ドカン」

○ ドカンと　大砲の　音が　響く。

5-9-2. 擬態語の種類

事物の姿形・有様・状態・感情などを感覚的に、音を発しないものをも文字で表現した単語を指す。

「**ふらふら**」: 揺れ動いて安定しない様子。

○ 悪路(あくろ)で ハンドルが ふらふら する。

○ お酒を 飲みすぎて ふらふら する。

「**きらきら**」: 光りかがやいている様子。

○ 星が きらきら かがやく。

「**ばらばら**」: 散らばっている様子。

○ 事故現場に 近所から ばらばら 人が 集まる。

○ ガラスの 破片が ばらばらと 飛び散っている。

「**めろめろ**」: 惚れ込んでいる様子。

○ 恋人の 前では めろめろに なる。

「**たっぷり**」: 豊かで余裕のある様子。

○ たっぷりな 水で 麺を ゆでる。

「**ちょうど**」: 過不足なく一致する様子。

○ ちょうど 約束の 時間に 着くでしょう。

5-10. こそあど言葉

話し手(書き手)や聞き手(読み手)に近いか遠いかで、物事を指し示す単語を「こそあど」という。「こそあど言葉」には、「指示語」「人称代名詞」「指示代名詞」をあげることができる。

話し手からの遠近に注目して、話し手から近いか遠いか、話し手にも聞き手からも近くないか、第三者に近いか、誰からも近くないか。また視界に入っているかどうか、上の方にあるか下の方にあるか。場所・物を指すのか、有生物・無生物か、人間かどうか、性別はどうか、数はどうか、明確な輪郭を持ったものであるかどうかによって、その使い分けが区別される。

5-10-1. 指示語

指示語(指示詞)は、話し手(話者)のいる地点と状況をもとにして、物を指し示す機能を持った語であり、特に代名詞や限定詞として用いられている。指示語は、限定を表わす連体詞・形容詞の形をとる連体詞・また副詞や動詞が、指示語として指し示すことができる。

＜指示代名詞の種類＞

限定の種類	近称(自称)	中称(対称)	遠称(他称)	疑問称
連体詞(決めつけ詞/限定)	この	その	あの	どの
連体詞(形容詞)	こんな	そんな	あんな	どんな
	こういう	そういう	ああいう	どういう
	こういった	そういった	ああいった	どういった
	こうした	そうした	ああした	どうした
副詞	こう	そう	ああ	どう
	こんなに	そんなに	あんなに	どんなに
動詞	こうする	そうする	ああする	どうする
	こうなる	そうなる	ああなる	どうなる

[出典]『日本語の文法』(講義テキスト1994)をもとに作成

5-10-2. 人称代名詞

人物を指し示す語である。誰を指すか、どの人を指し示すかによって、さらに細かく分けられる。人称代名詞は、単数と複数にわけて、誰かの人数を限定して指し示すことができる。

1) 誰を指すかによる種類

① 話し手自身を指し示す語

単数	・ぼく・わたし(わたくし)・おれ
複数	・ぼくたち・わたしたち(わたくしたち)・おれたち・われわれ

○ 月並みだが、ぼくはちっちゃい頃からコンピューターが好きで、我が家にあったヤツで散々(さんざん)遊んだ。

○ あの日　見た　花の　名前を　僕達は　まだ　知らない。

② 聞き手を指し示す語

単数	・あなた・きみ・おまえ
複数	・あなたたち・きみたち・おまえたち

○ あなたは自分が何曜日生まれか知っていますか?

○ キミたちは　どんな夢を　見て　いるの?

③ 話し手 ·聞き手以外の第3者を指し示す代名詞

単数	・かれ・かの女
複数	・かれら・かの女ら

○ 僕は　彼のことを よく　知らない。

○ ここから　彼らの　動画を　見ることが　できるぞ。

2) 近い者を指すか、遠い者を指すかによる種類分け

① 近くの者を指し示す語

このかた・こいつ

○ 生まれて この方 一度も そういう ものに お目にかかった ことは ない。

② 少し離れている者を指し示す語

そのかた・そいつ

○ そのかたには お目にかかった ことは ありません。

③ 遠くの者を指し示す語

あのかた・あいつ

○ お世話に なった あの方に お礼するのに 最適です。

どなた・どいつ・だれ

○ 拡張子 EPSの 開き方を どなたか 教えて いただけませんか？

<人称代名詞の違い>

種類	一人称（自称）	二人称（対称）	三人称（他称）	疑問称	不定称
単数	わたし	あなた	かれ（彼）	どなた	どなたか
	ぼく	きみ	かのじょ（彼女）	だれ・どいつ	だれか
	おれ	おまえ			
複数	わたしたち	あなたがた	かれら（彼）		
	ぼくら	きみたち	かのじょら（彼女）		
	おれたち	おまえら			

1) 話し手を指し示す代名詞

ぼく・わたし(わたくし)・おれ
ぼくたち・わたしたち(わたくしたち)・おれたち・われわれ

2) 聞き手を指し示す代名詞

あなた・きみ・おまえ
あなたたち・きみたち・おまえたち

3) 話し手でも聞き手でもない、第3者の人を指し示す代名詞

かれ・かの女
かれら・かの女ら

5-10-3. 指示代名詞

物事や場所や方角を指し示す語である。指し示す者の位置によって、使われ方にも違いが生ずる。指示代名詞は、物・事柄・人、場所・部分、方向・側・選択したものを限定して指し示すことができる。

1) 近くの物や位置を指し示す語

・物事・人　：これ・こいつ・この人
・場　　所　：ここ
・方　　角　：こっち・こちら

○ これは　もはや　食べ物ではなく　放射性廃棄物(ほうしゃせいはいきぶつ)です。

○ ここは　ふるさとを　旅する　ラジオの　ページです。

○ そっちはそっちの気晴らし、こっちはこっちの気晴らし。

2) 少し離れた物や位置を指し示す語

・物事・人：それ・そいつ・その人
・場所：そこ
・方角：そっち・そちら

○ それは　ひょっとして　ギャグで　言ってるのか！？

○ トンネルを　抜けると　そこは　星の国だった。

○ そっちは　どうだい？　うまく　やってるか、　こっちは　こうさ　どうにもならんよ。

3) 遠くの物や位置を指し示す語

・物事・人：あれ・あいつ・あの人
・場所：あそこ
・方角：あっち・あちら

○ あれは　東京の　浅草に　匹敵する　にぎわい　だった。

○ あそこに　見える　店。

○ こっちを入れるとあっちが飛び出す 気密性(きみつせい)抜群の引き出し。

4) 物や位置が、はっきりしないものを指し示す語

・物事・人：どれ・どいつ・どの人
・場所：どこ
・方角：どっち・どちら

○ 曲の中で　どれが　1番　好きですか？

○ 日本の　子どもと　どこが　違う？

○ 私と仕事、どっちが大事なの！？ と彼女に聞かれることってありますよね。

<指示代名詞の種類>

指し示す語	近称(自称)	中称(対称)	遠称(他称)	疑問称
物・事柄・人	これ	それ	あれ	どれ
	こいつ	そいつ	あいつ	どいつ
	このひと	そのひと	あのひと	どのひと
場所・部分	ここ	そこ	あそこ	どこ
方向・側・選択したもの	こちら	そちら	あちら	どちら
	こっち	そっち	あっち	どっち

第6章.
単語の系列

6-1. 類義(似)語とは何か？

6-2. 反対(反義)語とは何か？

6-3. 関連語とは何か？

6-4. 同音語とは何か？

それぞれの単語は、意味や発音のうえで、他の単語との関係を有しており、それゆえ、同じカテゴリーを作ることができる。

例えば、「鉛筆」という単語は、書くことを目的とする道具であり、筆記具・文房具の一種である。この種の単語は、「筆(ふで)・色鉛筆・万年筆・ボールペン・シャープペンシル」といった他の諸単語と一つのカテゴリーをなしている。

「鉛筆(えんぴつ)」という単語は、

1) 筆記具・文房具の一種であり、他の単語との共通性を有している。
2) 黒鉛を用いており、それゆえ、一度書いた文字でも消すことができる。
3) 消すことができることから、消すことができない万年筆・ボールペンとの区別が生ずる。

6-1. 類義(似)語とは何か？

類義語とは、単語の形は異なっているが、意味が似通った単語のことである。「乗り物」の類似語の場合、「車」「飛行機」「船」のように、大きくカテゴリー化することができる。、「車」は、陸地(道路)を利用する運搬手段であり、細分化するとバス・タクシ-・乗用車・・・などがある。また、「飛行機」は、空路を利用する運搬手段であり、細分化すると旅客機・軍用機・ヘリコプター・・・などがある。さらに、「船」は、海路を利用する運搬手段であり、細分化すれば、旅客船、軍艦、渡し舟・・・などがある。いずれも細分化(下位分類)が可能である。また、「食べ物」の類似語の場合、「穀物」「麺類」「野菜」「肉製品」「魚」「果物」「お菓子」のように、大きくカテゴリー化することができる。「穀物」は、主食となるものであり、米·麦·小麦·トウモロコシ···と細分化できる。また、「麺類」は、蕎麦粉、米粉など各種の穀類の粉や デンプンなどを主材料として、これに水と塩などを加えた生地を細く長くしたものであり、うどん·そば·ラーメン···と細分化できる。さらに、「野菜」は、食用植物一般を指し、「白菜」「大根」「人参」···のように細分化(下位分類)できる。

・住居 : 家 ー 住宅 ー 住まい ー ハウス
・図書 : 本 ー 書籍 ー 読み本 ー 書物
・文房具 : 鉛筆 ー 万年筆 ー ボールペン ー シャープペンシル

類義語のなかには、対照的な意味を少しく異にするものも見受けられる。例えば——

・カッター ー 包丁
・椅子 ー ベンチ
・ごみ ー ほこり
・午後 ー 昼過ぎ
・お化け ー 幽霊
・言う ー おっしゃる
・くる ー いらっしゃる
・くう ー 食べる ー めしあがる
・母 ー お母さん ー おふくろ
・警察官 ー お巡(まわ)りさん ー 巡査

類義語のなかには、多義語的な意味合いがあり、文のなかでは違った意味で用いられることもしばしばである。例えば——

◯ 上司は　社員が　やった　ことに　<u>おこった</u>。
◯ 先生は　学生に　<u>いかった</u>。
◯ 努力は　必ず　報われると　先生は　<u>言った</u>。

○ 原子力　発電所の　安全体制に　ついて　色々　話した。

6-2. 反対(反義)語とは何か？

反対の意味を持っているか、または対立している単語を組み合わせてできた単語を指す。すなわち、単語の意味が、対立する関係と否定文を扱うときなどに用いられる。対立の仕方によって、いくつかの種類に分けられる。片方を否定すると、対立する相手となる関係も多く指摘される。例えば——

1)「良くないこと」とは「悪いこと」になるような関係として、良し悪しの関係を表わす場合。

(善 ← → 悪)

○ 善(ぜん)を　積み、功を　重ねる。
○ 悪(あく)の　道に　走る。

2) ある中間的な点を中心にして、逆の方向になる単語の関係として、上と下との関係を表わす場合。

(上 ← → 下)

○ 上には　上が　ある。
○ 桜の　樹の　下には　花見客が　いる。

3) 一つの行為を対立する立場で捕らえた単語の関係として、モノの売買を表わす場合。

(売る ← → 買う)

○ 人が 欲しい 物が 高く 売れるし、 買った 値段が 高くても 欲しい人が いなければ 値段は 付きません。

○ あんまり いい ブリが あったので 買う。

4) 年齢で対立する関係を表わしたり、性別を示す場合である。

・(兄 ⟷ 弟) (兄 ⟷ 妹) (姉 ⟷ 弟)
・まえ ― うしろ　　うそ ― ほんとう
・つくる ― こわす　　すすむ ― しりぞく
・天 ― 地
・上 ― 下
・左 ― 右
・大 ― 小
・多 ― 少

○ 妹の 結婚って 兄は どう 思って いるの？

○ 犬好きの弟は、犬とのコミュニケーションで、犬の鼻を噛んでいた。

○ 百年バレない嘘は 人類を進歩させる。

○ ほんとうは すごい！ 日本の 産業力。

6-3. 関連語とは何か？

ある単語が、他の単語との仲間＝関連性を有している場合に、これを関連語という。関連した用語や言葉、関連性のあるキーワードなどの意味の表現。

ある程度の意味的な関連性を持つ語の関係を指している。大別すると、同じカテゴリーの語と異なるカテゴリーの語の二つに分けられる。ただ、概していえば「同じカテゴリーの語」と同義である。「同じカテゴリーの語」とは、別の言いかたをすれば、「共通の広義語を持つ語」である。

＜乗り物(陸上)の意味を表わす関連語＞

・**車系**	：車(くるま)・車(しゃ)・車馬・車両・空車(からぐるま)・空車(くうしゃ)・回送車・実車
・**馬車系**	：馬車・荷馬車・乗合馬車・つじ馬車・駅馬車・ほろ馬車・トロイカ・箱馬車・牛車(ぎっしゃ，日本の平安時代の貴族の乗り物)・牛車(ぎゅうしゃ/ごしゃ，前者以外の牛が牽く乗り物一般)
・**自転車系**	：自転車・銀輪・ミニサイクル・ちゃりんこ・マウンテンバイク［MTB］

6-4. 同音語とは何か？

同音語とは、ある単語の形が違っても、他の単語と発音の訓読みや音読みが同じであることをいう。いわゆる同音異義語である。これは、発音は同一であるものの、発音に際してのアクセントや文字の異なる漢字の異型で区別できる。このような同音語は、単語の音声だけでは区別しにくいが、通常は文脈のなかで、区別される。漢字の場合は、一般的に文字そのものに意味があるので、同じ発音の文字でも文に当てはめて用いられている。

＜訓読みの場合＞

＜動詞＞

・**「あう」**：「会う・合う・遭う」

○ 約束の　場所で　会う。

○ 寸法(すんぽう)が　合わない。

○ 事故に　遭う。

・**「おさめる」**：「治める・修める・納める・収める」

○ デモ隊の　暴動を　治める。

○ 柔道を　修めるのに　何年も　費やした。

○ つまらぬ　ものですが　私どもの　感謝の　志（こころざし）を　お納めください。

○ 金は　金庫に　収めた。

・「わかれる」：「別れる・分かれる」

○ 道が　四方に　分かれる。

○ 両親と　別れて　暮らす。

・「はやく」：「早く・速く」

○ 朝　早くから　並んで　待つ。

○ なぜ　年をとると　時間の　経（た）つのが　速く　なるのか?。

・「きる」：「切る・着る」

○ 道路の　並木の　枝を　切る。

○ 彼は　上着を　着て　いる。

・「はかる」：「図る・計る・測る・量る」

○ その　選手は　再起を　図って　いる。

○ 湯が　わくまでの　時間を　計ってみよう。

○ 棒の　長さ［家の高さ］を　測る。

○ その　地域の　雨量を　量る。

＜形容詞＞

・「あつい」：「熱い・暑い・厚い」

○ 熱い　うちに　スープを　どうぞ。

○ 暑い　日には　帽子を　着用して　外出しよう。

○ ここの　床は　厚い　板が　使用されました。

＜音読みの場合＞

・「かがく」：「科学・化学・価額」
・「いし」　：「意思・意志・遺志」
・「きしゃ」：「貴社・記者・汽車・帰社」

○ 科学の　さまざまな　情報を　発信します。

○ 私は　ばけ　化学を　専攻して　いる。

○ その期間に　基準　価額が　何%上昇したか、あるいは　下落（げらく）したかを　表します。

○ 社員の　意思を　尊重する　企業家。

○ 柔道の　山本選手は　意志の　強い　人です。

○ 夫の　遺志を　継ぎ　「反原発」を　叫ぶ。

その他、いくつかの同音異義語の種類を調べてみると次のようなものが挙げられる。

・「はし」　：「橋・端・箸･･･」
・「いどう」　：「移動・異同・異動･･･」
・「かんし」　：「 看視・監視・漢詩・環視・冠詞・諫止･･･」
・「きかん」　：「 季刊・期間・気管・機関・器官・帰還・基幹 ･･･」
・「こうしょう」：「交渉・ 公証・高尚・考証・厚相・･･･」
・「こうせい」：「校正・更生・公正・攻勢・構成・更正・後世・抗生･･･」
・「さんか」　：「参加・傘下・賛歌・酸化・惨禍･･･」
・「しこう」　：「 思考・志向・嗜好･･･」
・「しんせい」：「申請・新生・親政・神聖・心性・新星･･･」
・「せいか」　：「成果・製菓・盛夏・生家・聖歌・生花・聖火･･･」

いずれも、数え上げればきりがないほどである。とりわけ、日本語は表意文字である漢字に対し、割り当てることが可能な音節の組み合わせが本質的に少ないことから、同音異義語の数も膨大なものとなる。そのため、

- 「私立」を「わたくしりつ」、「市立」を「いちりつ」
- 「科学」と「化学」の場合、「化学」は「ばけがく」
- 「辞典」と「事典」の場合、「 事典」は「ことてん」

上記のように、ことさら区別して読むなど、混同を避けるために、あえて口頭では本来とは違う読み方をして区別することがある。

「きしゃ」の場合

○ きしゃの　きしゃが　きしゃで　きしゃした。
（貴社の　記者が　汽車で　帰社した。）

「にわ」の場合

○ にわの　にわとりが　にわで　あそんいる。
（二羽の　鶏が　庭で　遊んでいる。）

第7章.
単語の和語·漢語·外来語

日本語の語彙が、どこの国から伝わったものであるか、という点から分類して、大きく次の三種類に分類することができる。

1) **和語**	:	もともとの日本語。
2) **漢語**	:	中国から伝わった言葉、および江戸時代以降、オランダ語・英語文献の翻訳を通じ、本来の漢語を模倣して作った和製漢語（例：哲学、共和国、神経）。
3) **外来語**	:	欧米の諸国から伝わった言葉。

7-1. 和語とは何か？

和語(わご)は、日本国の言葉であり、日本語や国語ともいう。漢字で表わす場合は、「大和言葉(やまとことば)」や「倭語(わご)」ともいう。

例えば、「走る」「寒い」「木」「食べ物」などは、和語を漢字で書いたものであり、決して漢語ではない。「木」を音読みで表わす場合は「ぼく・もく」であり、訓読みで表わす場合は「き」である。

なお、日本で作られた漢字は「国字」といい、峠、畑、榎、榊といった山や木に関係したものや、魚篇の多量の文字、例えば鰯、鰹、鮪などがあり、海に囲まれた山林の多い国土ならではの造字と言えよう（後者は、すし屋の常連客となった場合に店からプレゼントされる湯のみに振り仮名ともども記されている)。

これらはいずれも、漢語・外来語に対して、日本固有のものと考えられる単語で、ひらがなや訓読みで表わされるのが通例である。日本語を 大和言葉(やまとことば)ともいう場合があるが、古くは和歌や雅語、女房言葉(にょぼうことば)を意味したが、現在ではもっぱら日本語の語種(単語の出自)の一つであり、漢語や外来語に対する日本の固有語を指している。ほかにも「やま」「かわ」「さくら」

「あさひ」「のりもの」「おもちゃ」「さかな」といった例が挙げられよう。

7-1-1. 和語の種類

1) 訓読みの言葉

<ひらがな書き、または漢字、一字をふくむもの>

少しも・働く・起きる・白い・美しい・静かだ・明らかだ・泳ぐ・笑う

○ 彼は　少しも　やすまなかった。

○ 両親は　朝から　晩まで　よく　働く。

○ おじいさんは　いつも　朝　早く　起きる。

○ 私の　住んでいる　所は　静かです。

○ あの　事件は　明らかな　事実です。

<漢字だけのもの>

秋風・紅葉・山川・長浜（地名、普通名詞としては、「どこまでも続く砂浜」の意）・野原・学校・人間・自然・現在・退屈・自由・正直・山・川・桜・魚・朝日・玩具・乗り物

○ 二人の　間に　秋風が　立ち始めた。

○ 日光は　今　燃えるような　紅葉だ。

○ 彼の　話は　いつも　退屈だ。

○ 正直に言って　あの時は　穴があったら　入りたいぐらいだった。

○ この　カメラは　全く　玩具(おもちゃ)だ。

2) 訓読みと音読みの混じった言葉

① 前の漢字を訓読み・後の漢字を音読みで読む場合(湯桶読み)。

「ゆとう(湯桶)読み」とは、「ゆ(湯)」は訓読みで表わし、「とう(桶)」は音読みで表わすように、漢字を二文字で表わす場合に、前の文字を

「訓読み」、後の文字を「音読み」で表わすことをいう。ほかにも例えば、「手本(てほん)」「夕刊(ゆうかん)」などの例が挙げられよう。

＜湯桶読み＞

訓読み	音読み	湯桶読み
赤(あか)	字(じ)	赤字(あかじ)
雨(あま)	具(ぐ)	雨具(あまぐ)
野(の)	宿(しゅく)	野宿(のじゅく)
手(て)	本(ほん)	手本(てほん)
株(かぶ)	式(しき)	株式(かぶしき)
夕(ゆう)	刊(かん)	夕刊(ゆうかん)
夏(なつ)	服(ふく)	夏服(なつふく)
取り締まり(とりしまり)	役(やく)	取り締まり役(とりしまりやく)

○ なぜ、ソニーは　赤字で、日立(ひたち)は　健闘しているか。

○ さらに　進化した　雨具の　開発は　人類の　課題である。

○ 初めて　私が　野宿を　体験したのは、18歳の　四国旅行の時だ。

○ 米子の　字は　全く　お手本の　通りだ。

○ 株式は、種類ごとに　均一に　細分化された　割合的な　構成単位を　とる　点に　特徴が　ある。

○ さきほど　会社　に届いた　夕刊を　確認しました。

○ 被災地に　夏服を　送ろう　と思います。参加しませんか？

○ 家族や親族以外の人を取締役にするときには、そのメリットデメリットを　しっかり考えていかなければいけません。なぜなら、あとあと取締役に加えたその知人と　仲違(なかたが)いした場合、その取締役を勝手に辞めさせることが難しくなるからです。

注

新聞や雑誌では、ひらがなを一切略し、「取締役」と書かれることがほとんどである。

② 前の漢字を音読み・後の漢字を訓読みで読む場合(重箱読み)。

「じゅうばこ(重箱)読み」とは、「じゅう(重)」は音読みで表わし、「はこ(箱)」は訓読みで表わしたように、漢字を二文字で表わす場合に、前の文字を「音読み」、後の文字を「訓読み」で表わすことをいう。例えば、「王手(おうて)」「団子(だんご)」などの類である。

<重箱読み>

音読み	訓読み	重箱読み
駅(えき) 味(み) 仕(し) 字(じ)	前(まえ) 方(かた) 事(こと) 引(ひき)	駅前(えきまえ) 味方(みかた) 仕事(しごと) 字引(じびき)
団(だん) 王(おう) 労働(ろうどう)	子(こ) 手(て) 組合(くみあい)	団子(だんご) 王手(おうて) 労働組合(ろうどうくみあい)

○ 御殿場(ごてんば)駅前で　宿泊・結婚式、　富士山を　一望できる　ホテル。

○ 夏の　お散歩の　強い　味方が　届いたので、　いつ　暑くなっても　大丈夫。

○ やる気が　ゼロでも　仕事を　する　方法って　ないだろうか?

○ 辞書のことを字引をよんだり、ノートのことを帳面とよんだり、板書をするというのは古いのですか?

○ ごま団子『富より　団子』を　共同開発!!

○ 早稲田は、　拓大（たくだい）に　勝利！　優勝に　王手を　かける。

○ 労働組合に入って、労働組合を作って、生活を向上させよう！

7-2. 漢語とは何か？

日本語の場合、文字として表記する漢字は二種類あるが、それは「漢字」と「和語」のことである。漢字というのは、元々中国から到来したものであるが、この漢字の種類によって「漢字語」や「和語」と呼ぶ場合がある。漢語とは、中国から伝わった言葉で、主に音読みで読まれる。漢字語と呼ぶ場合は、漢字のなかで、比較的古い時代に中国語から借用された漢字の字音を元にしたものや、和製漢語、すなわち、日本で江戸時代以降、西洋の文献を訳出する際に新たに作られた語彙も含まれる。

周知のように漢字の場合、読み方が音読みと訓読みがあるが、ここでいう漢語とは、主に音読みで読まれる単語を指している。

7-2-1. 古く中国から伝わった漢語

① 漢字一字のもの

右･足･歯･木･性･門･空･愛

○ クラスで　足の　長い　少女。

○ 食事の　後は　歯を　みがこう。

○ 母の　子への　愛は　無限である。

② 漢字二字以上のもの

学校･友人･会社･ 椅子･病院･電気･豆腐･牛肉･砂糖･牛乳･紅茶･筆記具･炊飯器･

○ 友人との　関係に　悩みを　持っている　方に　向けて。

○ 人生の　約3分の1は　椅子で　過ごすわけだ。

○ 昔から　豆腐は、　精進料理(しょうじんりょうり)として　食(しょく)されていた。

○ 炊飯器とは、米を　炊いて　飯に　するための　調理器具。

③「衣類」を表わすもの

和服・洋服・制服・白服・外套・帽子

○ 男性が　和服を　着るために　必要な　知識や　情報。

○ 生徒たちは　制服で　登校する。

○ 女性の　帽子は　つばの　ないもの。

④「日常品」関連

財布・鉛筆・万年筆・黒板・水筒・封筒

○ メンズでも　レディースでも　使える　財布が　多数揃って
おり ます。

○ 試験答案は　鉛筆で　書いては　いけない。

○ 先生に　書いた　手紙を　封筒に　入れる。

⑤「スポーツ」関連

水泳・野球・卓球・庭球・投手・本塁打

○ 夏休みには　プールへ　水泳に　行こう

○ 学生たちは　放課後　卓球を　する。

○ 本塁打は　野球の　最も　印象的な　プレーの　一つである。

7-2-2. 日本人の作った漢語

江戸時代後期以後、欧米の文明が伝わったことによって新たに作られたものが大部分を占める。

主義・神経・銀行・写真・蒸気・電話・郵便・新幹線・共和国・民主主義

○ 奥歯が　痛くなったら　神経を　抜く。

○ 遠足に　行って　記念の　写真を　撮る。

○ 速達の　郵便は　一日で　届く。

○ 次回は　新幹線で　京都へ　行きたい。

○「経済効率性」だけを　見ると　民主主義は　ベストな　体制では　ないようだ。

7-3. 外来語とは何か？

外来語とは、外国から伝わった、漢語以外の外国語で、既に日本語の一部と化して用いられている語彙。いずれも片仮名で書くのが原則である。おもに西洋諸言語からの借用であり、洋語(ようご)とも呼ばれる。また、カタカナで表記することが多いことからカタカナ語とも呼ばれる。中国語から入った漢語も本来は外来語であるが、日本では主としてヨーロッパ語から入ったものを指している。

7-3-1. 外来語の例

① 英語から……テレビ・ダンス・スター・サイン・ケーキ ② オランダ語から……ガラス・コップ・ビール ③ ポルトガル語から……カステラ・カッパ・パン・ザボン・テンプラ(注) ④ フランス語から……アトリエ・クレヨン・アンコール ⑤ ドイツ語から……ガーゼ・アルバイト・エネルギー・ゲバルト……

○ 子供たちは　テレビを　見るのが　好きだ。

○ お好きな　ガラスを、お好きな　サイズで　購入できる。

○ お昼の　かわりに　カステラを　食べた。

○ 子供たちは　クレヨンで　絵を　描くのが　好きだ。

○ 私は　アルバイトを　しながら　大学を　卒業した。

注

ポルトガル語からの外来語彙は、とりわけ年代が古いため（400年以上も昔に伝来）、他のどの国からの外来語にもまして日本語本来の語彙に準ずるものと見なされており、とりわけ、カステラやザボン、テンプラなどは、ひらがな書きされることも少なくない。

7-3-2. 国とカテゴリー別の分類

	飲食物	日用品	衣類	スポーツ	芸術	医学	その他
英語	ゲーム チョコレート ウイスキー ジュース バナナ シチュー コーヒー	ノート テーブル ナイフ ベル テレビ ハンドル	スカート シャツ ネクタイ ポケット エプロン セーター	サッカー グローブ クロール テント ボクシング スケート	バイオリン スケッチ コーラス ポスター		デパート トラック パーティー ネックレス ポスト ファイト
フランス語	コロッケ オムレツ マヨネーズ コンソメ		シュミーズ ズボン ベレー ルージュ デッサン		コンクール アンコール アトリエ オブジェ デッサン コント		アベック ブルジョア プロレタリア ビュッフェ ジャンル
ドイツ語	バウムクーヘン			ピッケル ゲレンデ ザイル		ガーゼ ワクチン ノイローゼ ザイン カルテ	アルバイト エネルギー デマ ゲバルト テーゼ
イタリア語	マカロニ スパゲッティ				ソプラン ピッコロ アルト カンツォーネ ピアニシモ		フィナーレ
ロシア語	ウオッカ イクラ		ルパシカ				トロイカ ペチカ インテリ

ポルトガル語	パン カステラ ザボン テンプラ	ボタン	ビロード				カルタ タバコ キリシタン
オランダ語	ビール コーヒー	ガラス ランドセル ゴム ガス コップ ゴム ペンキ			オルゴール	コレラ メス アルコール	
中国語(注)	シューマイ ラーメン ワンタン メンマ						マージャン
スペイン語		メリヤス					プラザ(広場)
その他	キムチ (韓国語)	キセル (カンボジア語)					トナカイ (アイヌ語) ハリマオ(虎, マレー語)

[出典]言語教育研究サークル著『語彙教育』(むぎ書房1964)をもとに作成

注

食文化を中心に、庶民生活に根ざした近代以降の外来語彙に限る。

7-4. 混種語とは何か?

日本語として用いられる語は、和語・漢字語・外来語の三種類に大別される。これらの語種は、単独で用いられるほか、他の語種と結合し、新しい単語を生み出す場合があるが、後者を混種語と称する。互いに異なる語種に属する二つ以上の要素が結合してできた複合語である。

例えば、「アルバイトする」「ガラス窓」(外来語+和語)、「歯ブラシ」「えびフライ」、「お子様ランチ」(和語+外来語)、「頑張れ日本」(漢語+和語)、「プロ野球」「リズム感」「ギフト商品」、「スポーツ靴」(外来語+漢語)、「原子力エンジン」「臨時ニュース」「商社マン」（漢語＋外来語）、「半そでシャツ」（漢語＋和語＋外来語）などで、語種によって実に多彩な組み合わせができる。

1) 漢語＋和語

漢語	和語	混種語
通報(つうほう)	する	通報する(つうほうする)
印象(いんしょう)	付(つ)ける	印象付ける(いんしょうづける)
歌(うた)	合戦(がっせん)	歌合戦(うたがっせん)
新(しん)	型(かた)	新型(しんがた)
家族(かぞく)	手当(てあて)	家族手当(かぞくてあて)
残業(ざんぎょう)	手当(てあて)	残業手当(ざんぎょうてあて)

○ 万引きした　高校生を　警察、学校、両親に　通報するのは普通だよな。

○ 自分の　存在を　はっきり　印象付ける。

○ 大晦日に　NHK紅白歌合戦を　見るのは　日本の　慣わしである。

○ 新型の　「うつ病」が　日本で　大流行！

○ 家族手当は　企業において　生計費を　担う　重要な　手当として　位置付けられて　きました。

○ 自分の　会社は　営業には　残業手当が　一切　つき　ません。

2) 和語＋漢語

和語	漢語	混種語
赤(あか)	字(じ)	赤字(あかじ)
運動(うんどう)	靴(くつ)	運動靴(うんどうぐつ)
頑張れ(がんばれ)	日本(にっぽん)	頑張れ日本(がんばれにっぽん)
赤字(あかじ)	経営(けいえい)	赤字経営(あかじけいえい)
黒字(くろじ)	路線(ろせん)	黒字路線(くろじろせん)
花火(はなび)	大会(たいかい)	花火大会(はなびたいかい)

○ ソニー「テレビを　作れば　作るほど　赤字に　なるんです」

○ 小学校などでは　通学には　運動靴を　履くよう　指定する学校が　多い。

○ がんばれ日本！ 世界は　日本と　共に　ある。

○ 現在の　JR東日本　管内で　新幹線　在来線で　黒字路線はあるのでしょうか

○ 2012年　花火大会の　開催状況や　会場の　場所。

注

厳密にいえば「頑張れ」はさらに「漢語(頑)＋和語(張れ)」と分析されるが、ここではこれ全体を広義の和語と見なした。

3) 和語＋外来語

和語	外来語	混種語
輪(わ)	ゴム	輪ゴム(わごむ)
歯(は)	ブラシ	歯ブラシ(はぶらし)
海老(えび)	フライ	海老フライ(えびふらい)
お子様(おこさま)	ランチ	お子様ランチ(おこさまらんち)

○ ペンキ塗りの　ときに　缶に　輪ゴムを　巻くだけだ。

○ 歯医者さんで　歯ブラシを　買って　歯磨き　指導を　受けたこと　ありませんか

○ 人気の　海老フライに　関連する　お店が　簡単に　見つかります。

○ 大人も　子供の　お子様ランチを　食べられる　カフェ(CAFÉ)。

4) 漢語+外来語

漢語	外来語	混種語
金(きん)	ボタン	金ボタン(きんぼたん)
原子力(げんしりょく)	エンジン	原子力エンジン(げんしりょくえんじん)
臨時(りんじ)	ニュース	臨時ニュース(りんじニュース)
商社(しょうしゃ)	マン	商社マン(しょうしゃまん)

○ 山田君は　金ボタンの　学生服を　着ている。

○ 潜水艦や　空母などで　使用されている　原子力エンジンの　しくみを　教えてください。

○ 寝る　前に　聞いたら　怖くて　眠れない　ラジオの　臨時ニュース　速報。

○ 野原ひろしが　早大出身の　商社マンという　事実。

5) 外来語+和語

外来語	和語	混種語
ガラス	窓(まど)	ガラス窓(がらすまど)
アルバイト	する	アルバイトする

○ 本発明は、主に　自動車など　車両の　前面　ガラス窓の　内側に　取り付ける　日除(ひよ)けです。

○ 高校の　時友達の　建築会社で　現場の　バイトする　ことになった。

6) 外来語+漢語

外来語	漢語	混種語
ガス	器具(きぐ)	ガス器具(がすきぐ)
プロ	野球(やきゅう)	プロ野球(ぷろやきゅう)
リズム	感(かん)	リズム感(りずむかん)
ギフト	商品(しょうひん)	ギフト商品(ぎふとしょうひん)

○ ガス器具の　事なら　何でも　お気軽に　ご相談ください

○ プロ野球　フレッシュ　オールスター　ゲーム2012。

○「日本人の　リズム感を　鍛える　コツ」を　公開します。

○「ギフト商品」に 関して、購入する ことが 出来る 商品をご紹介 致しております。

7) 漢語＋和語＋外来語

漢語	和語	外来語	混種語
駅(えき) 半(はん)	前(まえ) そで	ビル シャツ	駅前ビル(えきまえびる) 半そでシャツ(はんそでしゃつ)

○ 大阪　最強の　宝くじ 売場「大阪駅前第4ビル　特設売場」の大当たり！！

○ メンズの　半袖シャツが　豊富で　安い。

8) 外来語＋和語＋漢語

外来語	和語	漢語	混種語
カメラ	小(こ)	僧(そう)	カメラ小僧(かめらこぞう)

○ 僕はカメラ小僧じゃなくてパパラッチですから、一緒にしないでください。

注

この僧という文字には、漢語の原義にいう「僧侶」という意味は全くなく、日本語としての「若者」を指しているが、便宜上、漢語と見なす。なお類似の語彙として、「パソコンお宅（パソコン/お/宅）」も挙げられよう。この場合も、「宅」という文字に「家屋」という漢語本来の意味合いはなく、「自宅に引きこもって趣味にふける者」という1980年代末以降の現代日本語独自の意味を表わしている。

第8章.

単語の形成法

8-1. 単純語

8-2. 合成語とは何か？

8-3. 複合語とは何か？

8-4. 派生語とは何か？

8-5. 連濁とは何か？

8-6. 転音とは何か？

8-7. 単語の省略語とは何か？

単語は、単純語が基本的な単語であるが、他の単語と合成し、新たな単語を作り出すこともできる。単純語→合成語(複合語・派生語)

- 単語
  - 単純語……川・山・秋・風・春・海・亀・犬・本・箱
  - 合成語
    - 複合語…秋風・国道・海がめ・犬ごや・本箱・水鉄砲・富士山
    - 派生語…小川・質屋・大相撲

8-1. 単純語

単語のうち、意味・語形のうえから、それ以上分けることができないまでに細分化した結果を単純語という。

この単純語は、合成語を作り出すうえで構成要素となるのである。

「め(目)」「みみ(耳)」「やま(山)」「かわ(川)」「そら(空)」「ひと(人)」「はな(花)」「うま(馬)」「あき(秋)」「かぜ(風)」などである。

8-2. 合成語とは何か?

単純語の構成要素が、単語と単語とが結合し、複合語や派生語が作り出されるが、このような一連の過程をへて生み出された語彙を合成語という。

単語種類	合成語
単純語	秋・風・道
複合語	秋風・国道
派生語	小道・靴屋

○ 山は　秋の　紅葉で　真っ赤だった。

○ 地上の　風、　上空の　風の　向き、風速を　地図上で　色分けと　矢印で　表示。

○ 青空に　ひとつ　雲が　浮んで　いる。

○ 小人(こびと)の　靴屋、むかしむかし　あるところに。

8-3. 複合語とは何か？

複合語とは、語構成において、二つ以上の独立形態素(単純語・見出し語)が結合し、新しい意味を有する単語で表わすことをいう。つまり、これまであった二つの単語を単純に結合せしめ、今までなかった単語を作るのである。例えば――

秋風・山道・朝日・荒川・花見・買い物・祝い酒・作り出す・書き込む

8-3-1. 複合語の種類

複合語の分類の仕方にも、いろいろあるが、ここでは二つの構成要素のそれぞれの品詞性に注目し、前の要素と後の要素とが結合し、複合語が合成された結果、どのような品詞が表わされるかということによって分類した。

1) 名詞＋名詞＝名詞

名詞	名詞	名詞(複合語)
山(やま)	道(みち)	山道(やまみち)
味噌(みそ)	汁(しる)	味噌汁(みそしる)(注)
朝(あさ)	顔(かお)	朝顔(あさがお)
樽(たる)	酒(さけ)	樽酒(たるざけ)
野(の)	菊(きく)	野菊(のぎく)
雨(あめ)	傘(かさ)	雨傘(あまがさ)

○ 山道を　走っていて、降りる　道を　間違えて　変な　場所に出てしまう。

○ 味噌汁は　ダシが　きいた　汁を　さらっと　飲むのが　うまいのに、イモ入れたりカボチャ　入れたりで、グズグズのコテコテにするのは　やめて。

○ 朝顔(アサガオ)のタネは、表皮（カラ）が非常に固いです。

○「来福（らいふく）」の樽酒について来福の樽酒(たるざけ)は酒質はもちろんのこと、読んでその名と通り「福が来る」たいへんにおめでたい名前の樽酒 です。

○ 野菊という　花は　山野に　咲く　数種の　菊を　総称しているだけで　"野菊"という名の花はないよう だ。

○ 雨傘・日傘・洋傘・和傘・パラソル・傘の逸品(いっぴん)集う心斎橋(しんさいばし)みや竹です。

注

多くの場合、後に続く語彙の最初の音は濁音化するが、「味噌汁(みそしる)」のように清音のままという事例もまま見受けられる。

2) 名詞＋動詞＝名詞

名詞	動詞	名詞(複合語)
花(はな)	見る(みる)	花見(はなみ)
天(あま)	下る(くだる)	天下り(あまくだり)
卵(たまご)	焼く(やく)	卵焼き(たまごやき)

○ 桜の本数、見頃の時期、地図、天気、など、お花見に欠かせない情報をご覧いただけます。

○ 民主党は、マニフェストで「国家公務員の天下りの斡旋(あっせん)を全面的に禁止する」とした。

○ タモリ「卵焼きはオレは何も入れないのをよく作るんだけれども…」

3) 名詞＋動詞＝動詞

名詞	動詞	動詞(複合語)
裏(うら) 巣(す) 雪(ゆき)	返す(かえす) 立つ(たつ) 崩れる(くずれる)	裏返す(うらがえす) 巣立つ(すだつ) 雪崩れる(なだれる)

○ ほっとプレートいっぱいの大きさの「お好み焼き」を裏返す技です。

○ これで今季誕生したひな8羽すべてが無事に巣立(すだ)った。

○ 北米最高峰・マッキンリー山で日本人5人が雪崩れに巻き込まれてしまいました。

4) 名詞＋形容詞＝形容詞

名詞	形容詞	形容詞(複合語)
心（こころ) 名(な)	細い（ほそい) 高い(たかい)	心細い(こころぼそい) 名高い(なだかい)

○ 一人暮らしを始めた心細い新入生にあたたかい一声をみんなで注意事項を促す。

○ 日本での　歴史に　名高い　寺院。

5) 動詞＋名詞 ＝名詞

動詞	名詞	名詞(複合語)
上り(のぼり)	坂(さか)	上り坂(のぼりざか)

○ 上り坂を走っていると突然足が重くなり前へ足が出なくなる時があある。

6) 動詞＋動詞＝動詞

動詞	動詞	動詞(複合語)
食べる(たべる) 降る(ふる) 作る(つくる) やる	残す(のこす) 始める(はじめる) 直す(なおす) 切る(きる)	食べ残す(たべのこす) 降り始める(ふりはじめる) 作り直す(つくりなおす) やり切る(やりきる)

○ 食べ残す　ことは、もったいない　ことですか！？

○ 家を　出ようと　した　とたん　急に　雨が　降り始めた。

○ まずは　やめなさい！そして、ゼロから　作り直すのがリーダーの役目だ。

○「やり切る習慣」のない組織に、会議をやる資格はない。

7) 動詞＋動詞＝名詞

動詞	動詞	名詞(複合語)
書き(かく) 飛ぶ(とぶ)	出す(だす) 降りる(おりる)	書き出し(かきだし) 飛び降り(とびおり)

○ 作品の　書き出しに　苦労する。

○ 騎手は　走っている　馬から　飛び降りた。

8) 並立複合語

複合語の構造のなかで、前の要素と後の要素とが結合し、類義や対義といった意味的関係を表わす場合を「並立複合語」という。

① 類義関係を表わす場合

名詞	名詞	名詞(類義関係の複合語)
道(どう)	路(ろ)	道路(どうろ)
月(つき)	日(ひ)	月日(つきひ)
野(の)	山(やま)	野山(のやま)

○ 平成　23年度に　規制が　行われる　道路の　情報を　掲載しています。

○ 月日の　たつのは　早い　ものだ。

○ 故郷の　野山を　よく　思い出す。

② 対義関係を表わす場合

名詞	名詞	名詞(対義関係の複合語)
上(じょう)	下(げ)	上下(じょうげ)
前(ぜん)	後(ご)	前後(ぜんご)
高(こう)	低(てい)	高低(こうてい)
男(だん/なん)	女(じょ/にょ)	男女(だんじょ/なんにょ)
昼(ちゅう)	夜(や)	昼夜(ちゅうや)
裏(うら)	表(おもて)	裏表(うらおもて)

○ 絵を　わざと　上下　逆さまに　かけた。

○ 私の　車の　前後に　大型の　バスが　走っていた。

○ 特に　東西に　伸び　高低に　富んだ　地形の　ため　釣りスポットが　豊富です。

○ 男女の　間には　深い溝が　あるようで、それは　夫婦で　あっても　同じです。

○ ナース(看護師)の　仕事は　昼夜に　わたり　取り組まなければなりません。

○ 彼は　はっきり　モノを　いう　性格だし、　裏表の　ない人間だった。

注

「男女」と書いて「なんにょ」と読む場合は、しばしば「老若男女(ろうにゃくなんにょ)」と表わし、キリスト教以外の日本の伝統宗教の祭典に多くの人々が参列した様子を表わす場合にマスコミ報道でしばしば用いられる。

9) 同形複合語

同形複合語とは、複合語の構造のなかでも、前の要素と後の要素が、同一の文字や語根を重ねた、いわば重複関係の畳語で表示される場合を指す。

名詞	名詞	名詞(同形複合語)
日(ひ)	日(ひ)	日々(ひび)
我(われ)	我(われ)	我々(われわれ)
国(くに)	国(くに)	国々(くにぐに)
木(き)	木(き)	木々(きぎ)
山(やま)	山(やま)	山々(やまやま)
神(かみ)	神(かみ)	神々(かみがみ)
泣き(なき)	泣き(なき)	泣き泣き(なきなき)
休み(やすみ)	休み(やすみ)	休み休み(やすみやすみ)

○ 日々、精進する　ことが　大切である。

○ 我々は知らない、知ることはないだろう。

○ 世界の国々と代表的な地域についての資料です。

○ たくさんの　種類の　木々に　ついての　ページです。

○ 山頂からは　霧島の　山々や　美しい湖、そして桜島が　望めます。

○ 神々と　人間の　許されざる　愛の　物語。

○ 疲れ知らず　鶴見虹子が　泣き泣き　磨いた　体操の技。

○ 病人は　病院の　廊下で　休み休み　歩いた。

8-4. 派生語とは何か？

派生語とは、本来は独立した一つの単純語の構成要素が複合語を作り出す過程において、複合語からさらに派生した語をいう。この派生語は、主として接頭語と接尾語が、他の単語と結合して作り出される。

接頭語・接尾語	構成要素	派生語
小(こ)	道(みち)	小道(こみち)
屋(や)	酒(さけ)	酒屋(さかや)
場(しょう)	会議(かいぎ)	会議場(かいぎじょう)
機(き)	洗濯(せんたく)	洗濯機(せんたっき)

○ 白馬村で　人気の　ペンション森の　<u>小道</u>に　関する　詳しい情報が　満載。

○ <u>酒屋</u>の前は漁港なので、マグロやカツオなどの魚介類を漁師さんからいただきます。

○ 大阪国際<u>会議場</u>（グランキューブ大阪）は、人のぬくもりのある新しい時代の総合交流 施設としてオープンしました。

○ 同社相談室では、<u>洗濯機</u>を購入するときの比較ポイントや設置を行う方法を次のように設定しております。

8-4-1. 派生語の種類

1) 接頭語が付く場合

「お(御)～」「ご(御)～」「み(御)～」「真っ～」「ぶっ～」といった接頭語が、他の単語と結合し、敬語や讃美語（主として宗教関連）を示すものとして、以下のような例が挙げられる。

接頭語	派生語
お(御)～	「お花」「お顔」「お話」「お人形」「お土産」「お弁当」「お料理」「お菓子」「お正月」「お中元」「お会計」「お辞儀」
ご(御)～	「ご案内」「ご婚礼」「ご来社」「ご都合」「ご親切」「ご来光」「ご迷惑」「ご先祖」「ご馳走」「ご心配」「ご宿泊」
み(御)～	「み仏(ほとけ)」「み空(そら)」「御輿(みこし)」「御心(みこころ)」「御簾(みす)」「御代(みよ)」
真っ～	「真っ暗」「真っ赤」「真っ二つ」
ぶっ～	「ぶっ飛ばす」

○ 暮らしの中に、お花を簡単に飾って楽しみましょう！

○ 東京おかしランドは、日本を代表する大手製菓メーカー3社のアンテナショップが集合した日本初のお菓子をテーマとした、東京駅一番街の新観光スポットです。

○ 注文が確定しますと、お支払い手続きに関するご案内メールが届きます。

○ 初めて　み仏の　教えを 教えてくれた　祖母。

○ 外国で　日本の　伝統的な　技術 そのままに　神輿を　作った　記録。

○ 営業の　仕事で　お先が　真っ暗に　なるときが　ある。

○ すぐに　眠気を　ぶっ飛ばす！ 覚えて　おくと　良い　眠気覚まし。

2) 接尾語が付く場合

「～たち」「～さん」「～がる」「～めく」･･･のような 接尾語が、他の単語と結合して表わす場合をいう。例えば――

接尾語	派生語
～たち	「ぼくたち」「あなたたち」「子どもたち」「私たち」
～さん	「みなさん」「お客さん」「子どもさん」「学生さん」
～がる	「寒がる」「話したがる」「ほしがる」「いたがる」
～めく	「春めく」「ほのめく」「今さらめく」「ざわめく」
～ぽい	「子どもっぽい」「子どもっぽさ」・「大人っぽい」「大人っぽさ」

◯ あの日　見た　花の　名前を　僕達は　まだ　知らない。

◯ 鉄道の　未来を　みなさんと　共に　考えて　いきたいと　思います。

◯ 男子の　寒がる　仕草に、女子は　萌(も)えています！

◯ 吹く　風が　どことなく　春めいて　いた。

◯ 私の子供っぽいのイメージは、人間的に未成熟で成長しきれていないという。

8-5. 連濁とは何か？

連濁とは、単純語の構成要素が、単語(前の要素)と単語(後の要素)とが結合し、複合語や派生語を作り出す過程のなかで、後の要素が清音から濁音へと変化し、発音上の相違を呈する、という事象を指している。

名詞	名詞	名詞(連濁複合語)
灰(はい)	皿(さら)	灰皿(はいざら)
山(やま)	寺(てら)	山寺(やまでら)
星(ほし)	空(そら)	星空(ほしぞら)
本(ほん)	箱(はこ)	本箱(ほんばこ)
蜜柑(みかん)	畑(はたけ)	蜜柑畑(みかんばたけ)
氷(こおり)	砂糖(さとう)	氷砂糖(こおりざとう)

○ トイレに灰皿がないと飛行機は空港から飛び立つことができない。

○ 山寺の 魅力を 教えて 下さい。

○ 雨や曇りでも星空を見たい！

○ 女性一人で重い本箱を移動させたいのです。

○ この動物が家の蜜柑畑で蜜柑を食べていて困っています。

○ 勉強中に氷砂糖を食べていたほうが集中でき、テストの点もいいです。

8-5-1. 連濁の種類

1) 前の要素(エ段→ア段)

名詞と名詞とが結合し、複合語を構築するなかで、前の要素の最後の音が「エ段」であれば、それが「ア段」に変わり、後の要素においてもその最初の音が清音から濁音へと変化するという構造を表わす。

名詞(エ段)	名詞(清音)	名詞(ア段・濁音)
風(かぜ)	車(くるま)	風車(かざぐるま)
酒(さけ)	樽(たる)	酒樽(さかだる)
目(め)	蓋(ふた)	目蓋(まぶた)
雨(あめ)	雲(くも)	雨雲(あまぐも)
船(ふね)	旅(たび)	船旅(ふなたび)
胸(むね)	毛(け)	胸毛(むなげ)

○ オランダの風車の本来の目的は水を汲み出す為にあります。

○ 酒樽で鏡開(かがみびら)きをしようと思い、ネットオークションで空(から)の酒樽を購入しました。

○ 目蓋が下がってくるのは眼科ではなく何科にかかればいいのでしょうか。

○ 雨雲は湿った空気の中で暖かい空気と冷たい空気がぶつかった場合に発生します。

○ 船旅も帰りも安全航行でお願いしますね

○ あなたは男性の胸毛についてどう思いますか?

2) 後の要素(ち→ぢ)

前の要素(名詞)が、後の要素(「ち」という音で始まる名詞)と結合する場合、後者の「ち」が「ぢ」へと濁音化するという構造である。「ぢ」は、現行の日本語音にあっては「じ」と同音であるが、普通は用いられない。「ち」の音が連濁になる場合に限り、普段は用いられないこの「ぢ」が登場するのである。とりわけ以下の4例は、いずれも記憶しておきたいものばかりである。

名詞	名詞(ち)	名詞(ぢ・濁音)
鼻(はな)	血(ち)	鼻血(はなぢ)
底(そこ)	力(ちから)	底力(そこぢから)
猿(さる)	知恵(ちえ)	猿知恵(さるぢえ)
湯飲(ゆのみ)	茶碗(ちゃわん)	湯飲茶碗(ゆのみぢゃわん)

○ 子供が 鼻血を 出している。

○ 彼の　真の　底力を　見せる　チャンスだった。

○ サルコジも 猿知恵破れ敗戦か?嘘を付くのは良くないですよ。

○ 我の家には、こんな湯飲茶碗があります。

3) 後の要素(し→じ)

前の要素(名詞)が、後の要素(「し」という音で始まる名詞)と結合する場合、その後の要素の「し」が「じ」の濁音に変わるという構造を表わす合成語である。「し」の音が連濁によって濁音化する場合は、「ぢ」ではなく、あくまでも「じ」と書くことを読者は銘記されたい。なお、現行の日本語音にあって、「じ」は「ぢ」と同音であり、「ぢ」とは対照的に常用されている。

名詞	名詞(し)	名詞(じ・濁音)
猫(ねこ) 目(め) 宝(たから) きのこ(なめこ)	舌(した) 尻(しり) 島(しま) 汁(しる)	猫舌(ねこじた) 目尻(めじり) 宝島(たからじま) きのこ汁(きのこじる)

○ 暑い国の人ほど猫舌率が高い!と思いました。

○ 目尻にしわができると、第一印象がぐっと老けて見えてしまいます。

○ 宝島は日本にありますか?コブクロの宝島を聞いて探してみたくなりました!

○ このきのこ汁は具のハーモニーがよく、最高のうまさなのである。

4) 後の要素(す→ず)

前の要素(名詞)が、後の要素(「す」という音で始まる名詞)と結合する場合、その後の要素の「す」が「ず」の濁音に変わるという構造を表わす。「す」の音が連濁になる場合は、「ず」と書くのである。なお、現行の日本語音にあって、「ず」は「づ」と同音であり、「づ」とは対照的に常用されている。

名詞	名詞(す)	名詞(ず・濁音)
毛(け) 鯖(さば) 腕(うで)	脛(すね) 寿司(すし) 相撲(すもう)	毛脛(けずね) 鯖寿司(さばずし) 腕相撲(うでずもう)

○ まあ、高画質でおっさんの毛脛を流してもしょうがないですが。

○ 寿司は、お届けさせて頂いたその日が賞味期限になります。

○ 運動不足の現代人に、「腕相撲」を老若男女誰にでも手軽に出来る運動法。

5) 後の要素(つ→づ)

前の要素(名詞)が、後の要素(「つ」という音で始まる名詞)と結合する場合、その後の要素の「つ」が「づ」の濁音に変わるという構造を表わす。「づ」は、現行の日本語音にあっては「ず」と同音であるが、普通は用いられない。「つ」の音が連濁になる場合に限り、普段は用いられないこの「づ」が登場するのである。とりわけ以下の3例は、いずれも記憶しておきたいものばかりである。

名詞	名詞(つ)	名詞(づ・濁音)
馬(うま) 命(いのち) 木(き)	面(つら) 綱(つな) 槌(つち)	馬面(うまづら) 命綱(いのちづな) 木槌(きづち)

○ 馬面の芸能人と言えば…誰を思い浮かべますか?

○ 最近、命綱をつけずに建物の窓を拭いている人をよく見かけます。

○ 鏡開きに　使用する　木槌を　ご用意しました。

8-6. 転音とは何か?

転音とは、単純語で表わす単語の音の形が、単語(前の要素)と単語(後の要素)とが結合し、合成語を構築する際に、前の要素の音の形が変わってくることを指す。

代表的な例として「雨傘(あまがさ)」が挙げられる。前の要素の「雨(あめ)」と後の要素の「傘(かさ)」とが結合し、この合成語を構築する際、前の要素の終わりの母音が、「エ段(—e))から「ア段（—a)」へと変化し、「雨傘(あまがさ)」となっている。このほか、酒(さけ)と樽(たる)とが結合し、酒樽(さかだる)となるように、前の要素の音の形が変化するということが広く認められる。この2例のほかにも次のような例が挙げられよう。

名詞(前の要素・イ・エ段)	名詞	名詞(前の要素・ア・オ段)
火(ひ) 舟(ふね) 船(ふね)	影(かげ) 歌(うた) 底(そこ)	火影(ほかげ) 舟歌(ふなうた) 船底(ふなぞこ)

○ かがり火の　火影に　彼の　顔は　幸せそうに　見えた

○ 貴婦人の乗馬と舟歌では、舟歌の方が難易度高いと思います。

○ 現時点で船底に貝類が結構付着している感じです。

1) 前の要素(イ段→オ段)

名詞(前の要素・イ段)	名詞	名詞(前の要素・オ段)
木(き) 木(き)	影(かげ) 枯らし(からし)	木陰(こかげ) 木枯らし(こがらし)　(注)

○ 松林などの　木陰が　ある　ところに　場所を　とれる所。

○ 早ければ今夜、東京で木枯らし1号が吹くかもしれません。

注

・「(木(き)＋漏れ(もれる)＋日(ひ)＝木漏れ日(こもれび)」
・「木(き)＋末(すえ)＝木末(こずえ)・梢」(漢字で表わす場合、「木末」とは書かない)

2) 前の要素(オ段→ア段)

名詞(前の要素・オ段)	名詞	名詞(前の要素・ア段)
白(しろ)	雲(くも)	白雲(しらくも)
白(しろ)	魚(うお)	白魚(しらうお)
白(しろ)	砂(すな)	白砂(しらすな)

○ 富士の　山頂に　白雲が　浮かんでいる。

○ アユやシラウオを加熱せずに食べないことが第一である。

○ チャームさんから販売されている「アマゾンの白砂」を、海水水槽に使っても大丈夫でしょうか?

8-7. 単語の省略語とは何か?

単語の省略とは、単純語や合成語で表わす元々の形の単語を縮約して表わす場合である。例えば、「テレビジョン」→「テレビ」、「東京と名古屋の高速道路」→「東名高速道路」、「時間短縮」→「時短」のように、合成語を構築している構成要素の一部が省略されて、新しい単語を生み出すことをいう。省略語のほか、略語や縮約語ともいう。

名詞(構成要素)	名詞(略語)
テレビジョン	テレビ
大阪神戸(おおさか　こうべ)	阪神(はんしん)
特別急行(とくべつ　きゅうこう)	特急(とっきゅう)
東京横浜(とうきょう　よこはま)	京浜(けいひん)
国際連合(こくさい　れんごう)	国連(こくれん)

○ 今晩　9時から　見たい　テレビが　ある。

○ 阪神・淡路大地震とは、1995年(平成7)1月17日午前5時46分、兵庫県を中心として阪神地方に甚大な被害を与えたマグニチュード

7.3の巨大地震災害の一般的な呼称。

○ JR.Passで、寝台　特急に　乗ろう！

○ 京浜急行の「京浜」って東京と横浜のことですよね？

○ 国連が認証した温室効果ガス削減プロジェクトを共同で行うことで、CO2を削減します。

第9章.

品詞の転成

9-1. 品詞転成とは何か？

ある単語が有する基本的な品詞から、語形的な変化を起こし、他の品詞へと転化することを指す。こうした現象を「品詞の転成」という。

一般的な品詞の転成としては、名詞から動詞、動詞から名詞・形容詞、形容詞から名詞、形容詞や形容動詞から動詞・副詞、副詞から名詞・動詞に転成する例が挙げられよう。

9-2. 品詞転成の種類

1) 動詞→名詞

動詞が、名詞に転成する場合は、第１中止めの語形的を用いて、名詞へと転成する場合である。「走る」「書く」「泳ぐ」は動詞であるが、第１中止めへの語形変化を用い、「走り」「書き」「泳ぎ」のような名詞へと転成する。

動詞	動詞	名詞
・犬が　走る。 ・メモを　書く。 ・川で　泳ぐ。	・走ります。 ・書きます。 ・泳ぎます。	・犬の　走りは　はやい。 ・メモの　書きは　上手だ。 ・太郎の　泳ぎは　下手だ。

2) 名詞→動詞

動作性の名詞が、サ変動詞「する」と結合すると、動詞へと転成する。その例はきわめて多いが、ここでは代表的なもののみを挙げておこう。

名詞(動作性)	(動詞)
・大学の　勉強は　面白い。	・大学で　勉強する。
・宇宙への　研究は　絶えない。	・宇宙のことを　研究する。
・深夜の　アルバイトは　つらい。	・深夜、アルバイトする。
・早朝の　散歩は　気持ちよい。	・早朝、散歩する。
・彼女の　結婚は　無事に　終った。	・彼女は　結婚した。

3) 形容詞·形容動詞→名詞

形容詞の転成化の例としては、「い→さ」の名詞化·「い→み」の名詞化·「い」を取り除く名詞化の、計三形式が挙げられる。

形容詞の語尾「い」や形容動詞の語尾「な」を、「さ」や「み」へと改めると、名詞へと転成する。

①「さ」で表わす場合。

<形容詞>

·大きい→大きさ　·暑い→暑さ　·軽い→軽さ　·面白い→面白さ

形容詞	名詞(～さ)
・大きい　建物が　並んでいる。	・文字の　大きさを　変える。
・暑い　夏は　プールへ　行こう!!	・夏の　暑さ　対策に　ついて　考える。
・あの　ビルは　かなり　高い。	・ビルの　高さを　計る。
・青森の　リンゴは　甘い。	・リンゴの　甘さは　抜群である。
・旅行の　鞄は　重い。	・鞄の　重さは　20キロだ。

<形容動詞>

·丈夫な→丈夫さ　·豊かな→豊かさ　·静かな→静かさ
·穏かな→穏かさ　·なだらかな→なだらかさ

形容動詞	名詞(～さ)
・丈夫な　子どもは　元気だ。	・子どもの　丈夫さは　頼もしい。
・豊かな　海づくりに　貢献します。	・ソースを使って豊かさのヒントをあなたに！
・有名な　彼女は　大学生だ。	・彼女の　有名さは　特別だ。
・静かな　図書館の　空気。	・図書館の　静か(け)さは　緊張感が　伴う。
・なだらかな　山道を　歩く。	・凸凹(でこぼこ)の　なだらかさを　設定します。

②「み」で表わす場合。

「い→み」の名詞化

形容詞のあるものは語尾の「い」を取り除いて、「み」を付けると、名詞となる。

・うまい→うまみ　・甘い→甘み　・重い→重み　・暖かい→暖かみ

形容詞	名詞(～み)
・うまい　ラーメンが　食いたいんだ。	・豚骨のうまみが良く出ているスープ。
・砂糖を使った甘い物を 食べたくなる。	・甘みがあってコクのあるコーヒー。
・この　事件が　もたらした　ものは　重い。	・事件の　重みは　深刻だ。
・お婆さんの　心は　温かい。	・心の　温かみは　知っている。
・友人の　友情には　ありがたい。	・友人の　ありがたみは　忘れない。

「い」を取り除く名詞化

形容詞には、語尾の「い」を取り除くと、そのまま名詞になるものがある。ただし形容詞のすべて、というわけではないから、この点注意を要する。

・赤い→赤　・白い→白　・丸い→丸　・渋い→渋

○ 赤い 花を 咲かせるサボテンを 探しています。(形容詞)

○ 虹色で言えば、青の次は、緑、黄、橙(だいだい)、赤の順なので、緑、黄、

橙、赤が、似たような色に見えています。(名詞)

○ 丸い氷はオシャレでかっこいい!! グラスの中に丸い氷。(形容詞)

○ 該当する　項目の　番号を　丸で　囲め。(名詞)

また、「い」を取り除いても名詞にならない場合は、複合語を構成する一部分となることがある。

・長い → 長（×）→ 長雨（ながあめ）
・細い → 細（×）→ 細ひも（ほそひも）
・軽い → 軽（×）→ 軽石（かるいし）
・辛い → 辛（×）→ 塩辛（しおから）

○ ここ最近、長期の日照不足と 長雨により作物の生育停滞、着果不良、病害が生じております。

○ シンプルな細ひもタイプのデジカメ・携帯電話ストラップを激安価格で販売中。

○ 灰白色で、多孔質(たこうしつ)の　ガーデニング用の　軽石です。

○ 塩辛はイカ、カツオ、アユなど魚介類の肉や内臓に塩を加え、熟成させたものです。

注

・形容詞を名詞化する場合、「さ」、もしくは「み」と結合することが多いが、そこには決まった規則性は認められず、一種の傾向であるにとどまる。例えば――
・「さ」と結合する場合：重さ・長さ・早さ・温かさ…のように、物差しなどの機器によって計測可能な客観的な性質・状態・程度を表わす。
・「み」と結合する場合：重み・温かみ・ありがたみ…のように、主観的、かつは感覚的な性質・状態・程度を表わす。

4) 動詞→形容詞

動詞が、形容詞のほうに転成する場合、動詞の語尾を「u→asii」「u→osii」「eru→osii」のよう改めて、形容詞へと転成する。

動詞	形容詞
・痛む ・望む ・頼む ・恐れる	・痛ましい　事件が　起こった。 ・普通　2年程での　交換が　望ましいです。 ・三郎は　頼もしい　跡継ぎだ。 ・東海地震は　考えただけでも　恐ろしい。

5) 形容詞・形容動詞→動詞

形容詞や形容動詞が、気持ちや感情、もしくは感覚を表わす場合は、語尾の「い」や「な」を「がる」へと改めれば、動詞へと転成する。

形容詞・形容動詞	動詞(～がる)
・北国は　寒い。 ・親知らずが　痛い。 ・川の　水が　冷たい。 ・いやな　仕事が　ある。 ・残念な　事件である。 ・不思議な　人が　いる。	・犬も　寒がる　ぐらい　寒い。 ・虫歯を　痛がって　いる。 ・子供が　水を　冷たがる。 ・みなが　嫌がる　仕事が　ある。 ・あの　事件を　残念がる。 ・不思議がる　人に　わたし　は　言った。

<形容詞>

・嬉しい→嬉しがる　・悲しい→悲しがる　・寒い→寒がる
・怖い→怖がる

○ 女性がデート中に聞かれると嬉しい話題。(形容詞)

○ 人を褒めること。まず自分が嬉しがること。(～がる)

○ 親のPCを直していたら悲しい現実を見てしまった。なんとそこには…(形容詞)

○ 地震で大事なつぼの割れたのを悲しがるコレクター(収集家)。(～がる)

＜形容動詞＞

・不思議な → 不思議がる	・嫌な → 嫌がる
・残念な → 残念がる	・愉快な → 愉快がる

○ 現実ではありえないことが写っている不思議な写真。(形容動詞)

○ 突然目の前に現れた亀を不思議がる猫です。(～がる)

○ ちょっと残念な夫でも幸せになる7つの方法。(形容動詞)

○ 謝罪し残念がる田中だんご屋社長…食中毒で。(～がる)

6) 形容詞・形容動詞→副詞

形容詞の語尾の「い」を「く」に、形容動詞の「な」を「に」へとそれぞれ改めると、副詞へと転成する。

形容詞・形容動詞	副詞
・若い　女性が　先生だ。	・若く　見せる　方法。
・歩きが　はやい　人は　彼だ。	・はやく　起きる　人は　彼だ。
・幸せな　新婚の　生活。	・幸せに　生活する。
・利口な　狼の　話。	・利口に　行動する　狼。

7) 副詞→名詞

副詞には、なんの語形変化も伴うことなく、そのまま名詞として、用いられる場合が見受けられる。

副詞	名詞
・ウナギの　皮膚が　ヌルヌル　する。	・よく洗ったらウナギのヌルヌルが取れた。

8) 副詞→動詞

副詞のなかには、「めく」「つく」と結合して動詞へと転成するものも見受けられる。

副詞	動詞(～めく･～つく)
・星が　キラキラ　光る。 ・ゆらゆらする　キャンドルの炎。 ・道端を　うろうろする。 ・悪路で　自転車が　ふらふらする。	・星が　きらめく。 ・キャンドルの　炎が　揺らめいて　いる。 ・不思議な　人が　うろついて　いる。 ・酒に　酔って　足が　ふらつく。

第10章.
連語

連語とは、単語と単語の組み合わせについて、その文法的な側面を中心に研究する分野である。単語と単語とを組み合わせるという点で、連語は慣用句と非常に似通っている。したがって、単語と単語とが組み合わせによって作られた「連語」や「慣用句」は、一見した場合、連語なのか、それとも慣用句なのか、なかなか区別をつけがたい。

文の構造を作る場合には、単語だけではなく、単語の組み合わせによって作られた連語や慣用句もまた、その構成要素たり得るのである。

このような事情から、連語の研究方法を理解するためには、「連語と単語との関係」「連語と慣用句との関係」「連語と文との関係」はもちろんのこと、その連語が文の構造に入った場合の「連語と文の成分との関係」「Categorical MeaningとSemantic Componentとの関係」「Syntagmatic RelationとParadigmatic Relationとの関係」「連語(word−groups)と結合(valence)との関係」といった諸関係をも視野にいれて研究しなければなるまい。こうしてこそ、その連語の特徴を十二分に浮彫りにすることができるのである。

10-1. 連語とは何か?

連語とは、二つ以上の自立的な単語の組み合わせによって、一つの名付け的な意味を表わしている合成的な言語単位である。つまりそれは、二つ、或いはそれ以上の単語の意味=文法的な意味の組み合わせである。この連語について、ロシア(ソ連)・日本・中国・中国の朝鮮民族・北韓・韓国といった国々では、それぞれどのように規定しているか、概説すれば、およそ次の通りである。

1) ロシアにおける連語の規定

かつてソ連科学アカデミー（今のロシア科学アカデミー）では、その連語について「словосочетание(srobosochyetane/単語結合)」という用語を用いつつ、次のように規定している――単語結合（словосочетание）と普通呼ばれているのは、自立的（знаменательные）な品詞に属している単語が二つ、もしくはそれ以上の連語によって作られた、単一の分節された概念、或いは表象（представления）を表示する、文法的な統一体(物)（единство）である。

2) 日本における連語の規定

日本における連語の規定については、先駆的研究者として知られる奥田靖雄氏らの言語学研究会(1983年)が編んだ『日本語文法 連語論(資料編)』では、次のように記されている。

「従属的なむすびつきにもとづく、ふたつあるいはみっつの単語のくみあわせであるとすれば、それは、他の単語を従属させる構成要素と他の単語に従属する構成要素からなりたっている。つまり、連語のなかでは、軸になる主要な単語があって、それにもうひとつの単語がよりかかって、従属的なむすびつきができあがっている。」

3) 中国における連語の規定

中国における連語の概念規定は、ロシア流の「単語結合（словосочетание）」や日本流の「連語」という用語を用いないので、その多さには驚かされる。呉大綱(1995)は、その博士論文『現代動詞の意味用法の連語論的な研究』において、「读・投・度・逗・顿

・小句・仂语・兼词・扩词・字群・短语・词组・词结・结构・子句・副句」といった、合計十六種類もの呼び名があると述べている。このような用語の多様さには、恐らく言語学者の「結びつき」に対する認識の違いが如実に反映されているのと同時に、単語間の「結びつき」について定義することの難しさが示されていると思われる。なかでも一般的に呼び名として用いられているのが、「词组(cizu)」と「短语(duanyu)」である。このうち「词组」について、例えば、黄佰荣他(1981)『高等学校文化教材、現代漢語、下冊』では、次のように規定している。

「一定の語法の規則に基づいて組み合わされた一群の言葉、これを詞組という。詞組においては、単語と単語との間に一定の文法的な関係がある。同一でない文法的な関係に基づいているので、詞組は各種の類型に分類できる。」

4) 中国朝鮮族における連語の規定

中国朝鮮族における連語の規定は、中国で一般に用いられる「詞組」や「短語」でも、また日本流の「連語」でもなく、「単語結合」という用語による。その「単語結合」について、李貴培(1989)著『朝鮮語語法理論』では、次のような見解を示している。

「単語結合というのは、文の構成要素になる二つ、またはそれ以上の単語が文法的な形態を持ちつつ、意味=文法的に連結された単語からなる結合である。」

5) 北韓における連語の規定

北韓における連語の規定は、中国の朝鮮族の見解とほとんど同じである。例えばチェジョンフ(최정후)(1983)『朝鮮語学概論』で

は、次のように規定している。

「単語結合というのは、意味=文法的に連結され、文のなかでその構成資料(要素)になる二つ以上の単語の結合である。つまり単語結合は、完全な意味を有する二つ以上の単語で成り立った意味=文法的な統一だと言えるのである。単語結合は、すなわち文を構成する為の資料(要素)であると言える。」

6) 韓国における連語の規定

韓国における連語の研究は、周辺国家よりやや遅れており、とりわけ連語の規定が曖昧な感じを否定できない。概していえば、連語というものを単語と単語との組み合わせとみるよりは、慣用的な組み合わせと把握しているようである。

著者は、先年執筆した博士論文「動詞連語論の研究」[1)]で、ロシア(旧ソ連)・日本・中国・中国朝鮮族・北韓(北朝鮮)・韓国における「連語論の研究史」という項目を立てた。そこでは、①ロシアにおける「スロボソチエタニャ(単語結合)」の研究について、②日本における「連語」の研究について、③中国における「詞組(cizu)」短語(duanyu)」の研究について、④中国の朝鮮族における「単語結合」の研究について、⑤北韓(北朝鮮)における「単語結合」の研究について、そして ⑥わが韓国における「連語」(韓国言語学界における連語の定義が依然曖昧であること)の研究について、それぞれ概観したことがある。

この研究を通じて知り得たかぎりでは、「連語」という用語に

1) 薛根洙(1998)「動詞連語論の研究-移動動詞の日韓比較研究を中心に-」大東文化大学大学院博士論文

は、国ごとに、さらには地域ごとに、様々な呼称があるようである。著者はもとより上記博士論文の執筆に際し、極力いろいろな資料を調べたが、韓国にあっては依然、「連語」や「単語結合」の研究たるや、つい十数年前まではその文字すらほとんど見当たらなかったように私見される。わずかに、南基心(現在、韓国国立国語研究員(1993))が『국어 조사의 용법(国語助詞の用法)』[2]において、<連語論>の観点から、格助詞を研究すべきことを主張し、次のように述べている。

> **(中略)** 따라서 「로(ro)格」의 다양한 쓰임을 살피기 위해서는 그것이 쓰인 예문 안에서의 연어론적(連語論的)인 고찰이 필수적이다. 실은 연어론적인 연구의 요성은 비단 조사 「로格」에 국한된 것이 아니라 모든 조사에 다 적용되는 것이다. (p219)
>
> **(中略)** したがって、「로(ro)格/(日本語の「に格」「へ格」に該当する)」の多様な用いられ方を調べるためには、それが用いられた例文の中での連語論的な考察が必要である。
> 実は連語論的な研究の必要性は、単に助詞「로(ro)格」だけではなく、全ての助詞についても適用されるのである。

南氏のこうした観点に拠るかぎり、韓国語の文の体系も日本語のそれと非常に似ていることが指摘できよう。特に、両言語はともに格形式がすこぶる発達しているから、その連語における名付け的な結び付きを究明しない限り、当然、文の構造も把握しきれないであろう。

しかしながら、南氏による「連語」というこの稀有な造語は、同書による限り、決して深く考えたうえでなされたものとはい言い難い。加えて、南氏が「連語論」という名目をいかにして知ったか、その経緯が全く記されていないのは、韓国における連語研

2) 南基心(1993)『国語助詞の用法(국어 조사의 용법)』韓国瑞光学術資料社

究史を知る上でも、はなはだ遺憾である。

上記の状況を踏まえながら、本論文では、韓国の言語学界にあって、「連語」という文法領域がどのように研究されているか、具体的に考察することを目的とする。

最近、韓国において、「連語」という部門にも関心が持たれはじめた。2001年冬(12月19日〜12月21日)、「連語論」を主題として、学会が開かれたこともあった。韓国の「国語学会(第28回)」では、<共同討論会>という特別な研究発表会を設けて、任洪彬(ソウル大学教授)・徐尚揆(延世大学教授)・野間秀樹(東京外国語大学教授)が招かれ、三教授の誰もが「連語」というテーマに関して、それぞれの見解を発表した。三教授の研究概要を、当時の学会の論文集目次に拠りつつ紹介したい。

韓国・ソウル大学のイムホンビン(任洪彬)教授は、「韓国語の連語の概念とその通辞意味的な性格」[3]という題目と、下記の目次を立てつつ、連語の見解を示している。

1.序論 2.自由な結合と連語 2-1.Cruse(1986)の連語概念 2-2.北韓の文法の単語結合と連語 2-3.Melcuk(1995)の自由句 2-4.自由結合と語彙—通辞的な制約 3.連語の定義的な属性に対した理解 3-1.Cruse(1986)とヤンヨンヒ(양영희)の理解 3-2.連語と語彙素などの間の共起関係 3-3.Melcuk(1995)の連語と語彙函数 4.連語の特性と判別の問題 4-1.語彙素間の共起関係 4-2.連語構成の二単語的な依存関係 4-3.連語核の意味と使い方 4-4.連語核(カザラレ)

3) 国語学会(2001)「国語学会共同研究会発表論文集(第28回)」韓国国語学会

と連語辺(カザリ)の意味関係と意味単位性 5.文法的な連語の問題 5.1Benson et al(1986)の文法的な連語 5-2.リヒザ(이희자)の通辞的な共起関係及び形態的な連語 5-3.キムジンヘ(金鎭海)の形態通辞的な連語 5-4.不規則的な構成と文法的な連語 6.結論(98種)

また、同じく韓国·延世大学のソサンギュ(徐尙揆)教授は、「韓国語の情報処理と連語情報」[4]という題目と、下記の目次に拠りつつ、連語に関する見解を示している。

1.序論 2.連語の概念と範囲に関する問題 3.『延世韓国語辞典』の連語情報の分析 4.連語情報データベースとコーパス利用 4-1.コーパスを利用した結合情報の抽出 4-2.連語情報データベースの要件 5.結論 参考文献(61種)

そして、日本·東京外国語大の野間秀樹教授は、「単語結合論の深化のために—日本の韓国語単語結合論=連語論を基点に—」[5]という題目と、下記の目次に拠りつつ、連語に関する見解を示している。

1.はじめに 2.単語結合とは何か？ 2-1.「単語結合」と「連語」という名称 2-2.単語結合の概念規定 2-3.日本語学での単語結合の概念規定 2-4.単語結合がないもの 3.単語結合と意味 3-1.単語結合と名付けてきな機能 3-2.単語結合と語彙的な意味 4.単語結合の外装的な位置 4-1.単語結合と文との関係 4-2.単語結合とmodality 5.単語結合の分類 6.品詞の下位分類と単語結合6-1.品詞の下位範疇設定と単語結合論 6-2.名

4) を参照されたい。
5) を参照されたい。

詞分類 6-3. 韓国語の名詞分類 7. 単語結合と格 8. 単語結合と対照言語学 9. 結論

まず、韓国の任(イム)・徐(ソ)両教授の連語に対する認識度を熟視するに、遺憾ながら、両教授ともに、連語についての定義に依然曖昧な側面があることを否めないのである。まず、任教授の論文を見よう。その序論に掲げられた連語の定義は、下記のとおりである。

> 本稿は、韓国語における連語の範疇および概念を明らかにし、通辞・意味的な性格を明らかにする、ということを目的としている。連語は、韓国語学界では、まだなじんでない術語である。韓国語学界で連語が話題とされ、連語にまつわる諸問題が取り扱われるようになったのは、比較的最近のことである。そこでは、これまでの研究が視野にいれなかった、カテゴリカルな意味の側面を浮き彫りにするという点で、重要な意義が示されている。これまでの研究では、要素間の系列的な関係を中心に、研究がなされてきた。
>
> 「連語」は依然、韓国語学界では一般に知られた用語ではないものの、慣用表現を研究する人や辞典編纂に関心を持つ人、少なくとも連語論研究者の間では、今や決して耳慣れない言葉ではない。しかしながら、連語という概念自体が、かなりゆらぎのある、不安定なものであって、連語をいかにして非連語と区別するかという問題になると、その基準はかなり混乱した状況下にある。

また、徐教授は、連語を構成する要素のあいだで、意味的な関係に基づくものである、と規定している。同氏の論文では、連語を構成する意味的な結合関係が、主に「意味的な緊密性」、「緊密で制限的意味関係」、「意味解釈の透明性」といった表現で、解説されている。しかしながら、著者の見るところでは、これまた主観的なものであり、これを客観的に捉えるための基準もなお明白だとは言い難い。また、同氏が論文中で列挙した具体的な事例をみても、それらがどこまで意味的に緊密な関係がある連語なのか、判断するうえで著者は困難を覚えるのである。そもそも、連語の概念をどのように定義すべきかによって、連語の範囲自体も変わってしまうのである。それだけではなく、連語を研究する分野や目的の違いによっても、連語の概念は広くもなれば、逆に狭くもなるのである。

このように、「連語」の意味合いを定義するに当たって、両教授ともにかなり悩んでいるようである。とりわけ注意すべきことには、単語と単語との意味合いが、慣用性が強いと「慣用句」となり、その慣用性が弱ければ「連語」となることである。その基準についても、両教授はともに、なお困難を覚えているようである。ちなみに、野間秀樹教授は、奥田靖雄(日本における連語研究の始祖)の規定した「連語」と北韓言語学界の用語である「単語結合」を紹介するにとどまり、自分の見解は示していない。

以上、もっぱら関連する論文をのみ紹介したが、次に「連語」と題する単行本が出版されたことを紹介しておきたい。

キムジンヘ(金鎮海・現在、慶熙大学教養学部教授)(2000)『連語の研究(COLLOCATIONS)』[6]がそれである。同書は韓国文化社から出

6) 金鎮海(2000)『連語の研究(COLLOCATIONS)(연어(連語)의 연구)』韓国文化社

版されたが、その目次は、下記のとおりである。

> 1. 序論 2. 連語の概念及び特性 2-1. 連語の概念 2-2. 連語の一般的な特性 2-2-1. 選択の単一な方向性 2-2-2. 心理的な顕著性 2-2-3. 特定な意味関連性 2-2-4. 構造変形の意味依存性 2-2-5. 境界の曖昧性 2-2-6. 特定の言語の集団依存性 3. 連語の有形及び意味特性 3-1. 分類基準 3-2. 語彙的な連語 3-2-1. 前提的な連語 3-2-2. 慣習的な連語 3-2-3. 形態・通辞的な連語 3-3. 形態・通辞的な連語 3-3-1. 形態・通辞的な連語の概念及び結合様相 3-3-2. 形態・通辞的な連語の有形 4. 連語の意味的な様相 4-1. 連語の意味関係 4-1-1. 連語の同意関係 4-1-2. 連語の対立関係 4-1-3. 連語の上下位関係 4-2. 連語の意味機能 4-2-1. 起動 4-2-2. 被動 4-2-3. 原因 4-2-4. 行為 5. 結論 参考文献

なお、金教授における連語の見解では、そもそも連語(collocations)を概念定義すること自体、実はかなりの困難が伴うのである。というのも、collocationsという英語は、「連語」と翻訳されたり、「組み合わせ」とも翻訳されるからである。また、一般に、構成要素のなかでも、緊密な結合なのか、反対にそうでないのか、といった構成要素間の緊密性に注目して連語を分類しているのであるが、これとて研究者の主観がたぶんに作用せざるを得ないのである。

以上をもって、現代韓国の言語学者らが「連語」をどのように定義しているかを概観した。著者が今般最も痛感したことは、韓国の言語学界における連語の見方は、「カテゴリカルな(categorical)意味」の取り出し方が、依然欠如していることである。すなわち、単語と単語とが組み合わさり、そこにどんな「結び付き」が生じるのか、このことに関する注意が依然不十分なようである。そもそも、韓国言語学界における連語の定義自体が曖昧なので、その分析法もまた曖昧となり、連語の研究が、まるで「慣用句」研究の延長線となってしまっているのである。この点、今後学界挙げての鋭意研究の余地ありと言えよう。

なお、両教授はそれぞれの論文において、相当量の参考文献を取り上げており、これは今後の研究の良き基盤をなしていよう。ただ、微瑕としては、日本で出版された代表的な先行文献である、言語学研究会(1983年初版)『日本語文法連語論・資料編』(むぎ書房) が取り上げられていないことを挙げざるを得ない。

10-2. 連語の位置づけ

連語は、単語と同じように文を作るための材料であり、そして連語論とはこのような連語(従属語と中心語との組み合わせによって作られた連語)を基本単位としつつ、文法を研究するという構文論の一分野である。したがって従属的な結び付きに基づいた、名付け的な単位としての組み合わせが、その研究の主たる対象になる。

一般的に文法論は、形態論と構文論とに大別されるが、その構文論が、さらに連語論と文論に分けられるのである。よって文法論における連語論の位置は、文論とともに構文論の下位分類にあたるものと言えよう。(文法論→構文論→形態論・構文論→連語論・文論)

連語論は、構文論の下位分類として、文論とともに、下のように図示される。

- 文法論(Grammar)
  - 形態論(Morphology)
  - 構文論(Syntax)
    - 連語論(Word Groups)
    - 文論(Text)

連語論の研究対象が、連語であるのは上に見たとおりであるが、その連語の生成過程で生じる、文法形式の諸要素を念頭に置かねばならない。

10-3. 連語の特徴

連語は、ただ単に二つ以上の自立的な単語を並べるだけで成立するというものではなく、そこには、いくつかの連語特有の文法的な条件を特徴としている。

例えば、「名詞と動詞」との連語の場合には、連語的な結び付きを成り立たせるべく、次のような三つの条件を満たさなければならない。

(1) どのような名詞なのか(名詞のCategolical Meaning)
(2) どのような格なのか　(格の種類)
(3) どのような動詞なのか(動詞のCategolical Meaning)

一つの連語的な結び付きを調べるためには、(1)従属語がどのような名詞(どのようなカテゴリカルな意味を持つ名詞)なのか、また、(2)その名詞の格形式は何か、そして、(3)中心語はどのような動詞(どのようなカテゴリカルな意味を持つ動詞)なのかを、それぞれしっかりと分析しなければならない。こうした条件を満たして、はじめてそこに一つの連語が成り立つのである。例えば、

(1)–a. 太郎は　山に　行く。(行き来先の結び付き)

(1)–b. 太郎は　山を　行く。(行き来ところの結び付き)

(1)–c. 太郎は　山に 荷物を 運ぶ。(行き来的な移し替え先の結び付き)

これら実例からも明らかなように、個々の単語は、密接に組み合わさり、一つの統一的な名付け的な意味を表わしている、ということがわかるだろう。また、「連語を二つ、或いはそれ以上の単語の組み合わせである」と規定したのは、それが「山に行く」というように、二つの単語で組み合わさることもできるし、あるいは「車で山に行く」というように、三つ以上の単語で組み合わせることもできるからである。

(1)–a～(1)–cの連語で示された自立的な単語は、それぞれ、一定の名付け的な意味を有しており、そのことが個々の自立的な単語(特に、中心語になる単語)に、結合する能力を与えている。自立的な単語に見られるこうした結合能力をvalence(バレンツ)という。これは、個々の自立的な単語に存在する一定の名付け的な意味に基づくものである。すなわち、例えば「行く」という動詞が持つ結合能力が、「に格」の空間名詞と組み合わさった場合には、「行き来先の結び付き」という名付け的な連語を作り出すことができる。しかしこれが、「に格」の空間名詞に代わって、「を格」の空間名詞と組み合わさった場合には、「行き来先の結び付き」ではなく、「行き来ところの結び付き」が成立するのである。それから「運ぶ」という動詞の結合能力を見ると、そこには＜二単語＞による連語ばかりでなく、「山に荷物を運ぶ」というような、＜三単語＞の連語の構造を作り出す場合もある、ということがおのずとわかるだろう。

ここで言う自立的な単語とは、文法的にも語彙的にも、自立して存在できる単語のことであり、しかもはっきりとした名付け的な意味をもつものにかぎられる。つまり、単語としての意味と機能とを完全に所有しており、しかも名詞・動詞・形容詞(いわゆる形容動詞を含む)・副詞(陳述副詞は含まれない)のような、いわゆる一次的な品詞に属している単語を指しているのである。それ以外の単語、すなわち、感動詞.接属詞.陳述副詞.後置詞.助動詞(いわゆる補助動詞など)、およびコピュラ(むすび、繋詞)といった二次的な品詞に属する単語は、みな連語論で対象とされるような単語の組み合わせを作らない。

連語が、単語の意味=文法的な組み合わせであるというのは、その組み合わせによって、意味的な側面と文法的な側面が浮き彫りにされるからである。ここでいう意味的な側面とは、連語の内容的な側面を指している。また、文法的な側面とは、連語の構造的な側面を指している。実際、連語構造においては、この二つの側面が、相対的な自立性を保ちながらも、互いに分類することができない密接な関係を保っているという特徴を認めることができる。

さて、自立的な単語が、意味=文法的な組み合わせによって、名付け的な連語を生成する場合に、そこに展開される連語と格形式との関係に注目してみよう。まず、次の実例を示しておこう。すなわち、

(2)-a. 太郎は　山に　行く。
(2)-b. 太郎は　山を　行く。
(2)-c. 太郎は　山に　荷物を　運ぶ。
(2)-d. 太郎が　行く/運ぶ。

上の(2)-a～(2)-dで示された実例のなかで、「行く」という移動動詞と、「運ぶ」という移し替え動詞がそれぞれ連語を構築する場合、そこで格形式をとる名詞に特に注目してほしい。

そもそも動詞が文の構造(或いは、連語の構造)で、名詞の特定の格と組み合わさるとき、その動詞は、その格を支配することができる。これがいわゆる格支配(case government)である。さて文のなかで格支配が行われた場合に、その連語の対象となり得る格支配は、斜格で支配された構造のみである。

例えば、(2)-a・(2)-b・(2)-cで示したように、「山に行く」「山を行く」「山に荷物を運ぶ」は、文の成分から見ると「補語＋述語」或いは「補語＋補語＋述語」の組み合わせである。しかし、2)-dで示した「太郎が行く/運ぶ」のような文では、「主体＋述語」という文の成分からの組み合わせであり、その格形式が、＜斜格＞ではなく、＜直格＞の形をとっているということがわかるだろう。これについてさらに実例をもって示せば、次の通りである。例えば、

(3)-a. 山に　行く。 山(に)　………………………… 行く。(斜格)
(3)-b. 山を　行く。 山(を)　……………………… 行く。(斜格)
(3)-c. 山に　荷物を　運ぶ。山(に) … 荷物(を) … 運ぶ。(斜格)
(3)-d. 太郎が　行く/運ぶ。 太郎(が)　……… 行く/運ぶ。(直格)

上の例からもわかるように、3)-dは「太郎が行く」のように、<直格>で結ばれている。しかし、(3)-a～(3)-cの例では、「太郎が行く」という直線上に、「山に」「山を」或いは「山に荷物を」という形をとる名詞で、斜めに結ばれている。これらを直線および斜線によって示せば、次のとおりである。例えば、

(4)＜直格・斜格＞

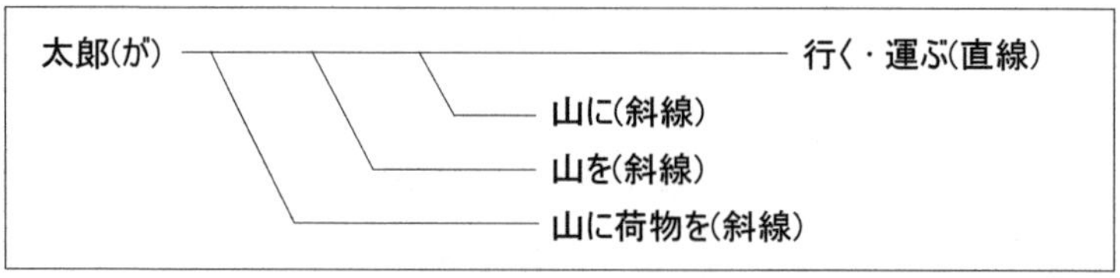

このように、文や連語は、骨組となる部分(直格の組み合わせ)と、他の部分(斜格の組み合わせ)を付け加えて、次第にその組み合わせを、＜二単語＞以上にまで広げることができる。そしてそれによって意味的な関係もより豊かに表わせるようになるのである。

連語の構造のなかで、取り分け「名詞＋動詞」のような構造を構築する要素として参加できるのは、「直格=が格」ではなく、「斜格=に・で・へ・を・から・まで格」であると言えよう。なお連語(従属語を名詞で示すそれ)の研究は、とりもなおさず「斜格」の形をとる名詞を対象とすることが、その特徴である。

10-4. 連語と単語との関係

すでに見たように、単語とは、言語活動の手段としての言語における、もっとも基本的な単位である。したがって連語を組み立てるうえで、もっとも基本的な単位ともなる。また、単語と連語は、文を組み立てるうえで基本的な単位としても、そしてその文を構築する材料としてもともに共通性を持っているのである。

個々の単語は、現実の断片を一般的に指し示すだけではない。それはまた、他の単語と関係を示すこともできる。こうした関係からもわかるように、単語には二つの側面を考えることができる。第１の側面は、現実のどのような断片を指し示すかという面である。いわば単語の語彙的な側面である。第２の側面とは、そうした語彙的な側面が文のなかで、どのような関係を表わし、どのような役割を果たすかという側面である。こちらはいわば、単語の文法的な側面である。前者は単語ごとに異なっている。そうしたものをその言語の語彙というのである。また後者は、連語や文の文法的な側面とともに、文法を成している。こうした事情から単語というのは、語彙的な意味や文法的な意味という両面を持った要素であるとみられよう。したがって、これらの意味によって、単語は連語を構築することができるのである。

さて単語とは、それが連語を組み立てる要素として用いられる場合には、語彙的な意味だけではなく、関係的な意味をも備えなければならない。ある語彙的な意味は同じ連語のなかに入り込み、他の単語の語彙的な意味と結び付いている。その結び付きがなんらかの文法的な手続きで表現されていなければ、連語の名付け的な意味は成立しないのである。なお、その単語と単語との語彙的な結び付きは、現実の出来事に参加するものの結び付きの言語的反映にほかなるまい。

ここで、「行く」「話す」「貼る」といった単語を、その語彙的な意味を狭めながら、連語を作り出せるかどうか調べてみよう。まず、「行く」という動詞の単語は、移動動詞のカテゴリーのなかで、「行き来」という語彙的な意味のもとで、Ａ地点から出てＢ地点に到着するという意味特徴を持っている。このような語彙的な意味を持つ単語が、「に格」の形をとる名詞と組み合わさることを想定してみよう。これと組み合わさる従属語位置には、「学校」「先生」「黒板」といった三つの単語を示しておこう。例えば、

(1)-a. 太郎は　学校に　行く。(○)

(2)-a. 太郎は　先生に　行く。(×)

(3)-c. 太郎は　黒板に　行く。(×)

上の例で示した組み合わせをみると、「先生に行く」と「黒板に行く」では、連語としての結び付きが成り立たないのである。つまり換言すれば、これらの場合には、語彙的な意味が連語のなかに入っても、本来生じるはずの文法的な意味の働きを生じ得ないのである。しかし、「学校に行く」の場合には、〈二単語〉の構造を持った連語として「行き来先の結び付き」を実現させている。これは「行く」という単語が、「移動する」という語彙的な側面において、それが連語の構造に入った場合には、その従属語の位置に場所名詞が必要であるという、単語の文法的な側面を全面的に果たすからである。ここにいわゆる、単語の結合能力(valence)を見て取れよう。これは連語の構造で結び付きを成立させるうえでは必要不可欠な文法的要素である。なおまた、「行く」という移動動詞が、「行き来先の結び付き」を実現させる連語の構造を構築するには、これと組み合わさる従属語名詞は、場所名詞の形で示されなければならない。すなわち、空間的な要素を持った名詞で示されるということである。(2)(3)は、一見すると場所名詞に見えるが、その人名詞やモノ名詞は、空間要素を欠いている単語である。それゆえ、「先生に行く」や「黒板に行く」という組み合わせを、「行き来先の結び付き」として実現させるためには、「～のところに」「～のもとに」「～のそばに」などのような空間的な形式名詞を必ず添えなければならない。例えば、「先生のところに行く」や「黒板のところに行く」という組み合わせによって、「行き来先の結び付き」を実現させることができる。

次に「話す」という単語は、言語活動を表わすという動詞のカテゴリーにおいて、言語行為者側のＡが、聞き手側のＢに、通達するという意味特徴を持った動詞である。このような語彙的な側面を持つ単語が、「に格」の形をとる名詞と組み合わさる場合を想定してみよう。下の用例で示されているように、これと組み合わさる従属語位置には「学校」「先生」「黒板」の計三つの単語を示しておこう。例えば、

(1)-b.　太郎は　学校に　話す。(○)
(2)-b.　太郎は　先生に　話す。(○)
(3)-b.　太郎は　黒板に　話す。(×)

また、下の例で示したような組み合わせを見ればわかるように、「石に運ぶ」と「絵に運ぶ」では、連語としての結び付きが成り立たないのである。つまり、語彙的な意味が連語のなかで、文法的な意味の働きを果たすことができないのである。しかし、「山に運ぶ」の場合には、〈二単語〉の構造を持った連語として「行き来先の結び付き」を実現させていることがわかるだろう。しかし「山に運ぶ」という〈二単語〉による構造こそひとまず成立したものの、「何を運ぶか」という点では、まだ不完全な組み合わせであることがわかるだろう。そこで「木を」という「を格」の形をとる対象物を示すことで、「山に木を運ぶ」という完全な組み合わせとなり、ここに「行き来的な移し替え先の結び付き」という〈三単語〉による連語が実現するのである。

その次に、「貼る」という単語は、移動動詞のカテゴリーにあっては、「取り付け」という語彙的な側面から、ある場所にものをくっつけるという意味特徴を持った動詞である。このような語彙的

な側面を持つ単語が、「に格」の形をとる名詞と組み合わさる場合を想定してみよう。これと組み合わさる従属語位置には、「石」「絵」「山」の計三つの単語を示しておこう。

1) 太郎が　石に　貼る。（○）　・石に　運ぶ。　（×）
2) 太郎が　絵に　貼る。（○）　・絵に　運ぶ。　（×）
3) 太郎が　山に　貼る。（×）　・山に　木を　運ぶ。（○）

この場合、3)の「山に貼る」では、語彙的な意味が連語のなかで、文法的な意味の働きを果たすことができない。より具体的には、なんらかのものを貼る対象が巨大すぎて（＝山）、連語としての結び付きが成り立たないのである。これに対し、「石に貼る」および「絵に貼る」の場合には、〈二単語〉の構造を持った連語として「取り付けの結び付き」がいちおうは実現している。しかしながらそれでも、「何を貼るのか」という点では、まだ不完全な組み合わせを示していることが知られよう。そこで「シールを」という「を格」の形をとる対象物を示すことで、「石（絵）にシールを貼る」という完全な組み合わせとなり、ここに「取り付けの結び付き」という〈三単語〉による連語が実現するのである。

ともあれ、こうして見ると、連語とは、「個々の単語が持つ語彙的な意味や文法的な意味の側面から、つまりいわゆる結合能力から作り出された産物である」と言えよう。

10-5. 連語と文との関係

文には、構造があって、いくつかの要素から組み立てられている。この要素となるのは、単語のほか、連語や慣用句も挙げられるが、基本的にはやはり単語である。文が単語と連語の組み合わせによって成り立った産物であるとみるなら、一方の連語は、文字どおり単語と単語との組み合わせによって成り立った産物であると言えよう。そして、このように文と連語がともに単語の組み合わせによって成り立つという共通性から、それらが持つ相違だけではなく、相互関係をも解明することができよう。

「連語と文」との差異は、文が陳述性を持っていることに対して、一方の連語は陳述性を持っていないということにある。陳述性とは、単語や連語で表現される内容が、現実と組み合わさる関係として、言語行為に参加する人が、一定の思想感情を表現する能力である。また、ここでいう単語や連語で表現される内容とは、それぞれの単語や連語が文との構造的な組み合わせを作る際に示す客観的な意味である。そして、現実と組み合わさる関係というのは、文を書く人、すなわち話者と具体的な言語環境及び聞く対象との間に組み合わさる関係を意味しているのである。よって繰り返せば、陳述性とは、それが現実と組み合わさる関係をなしている場合には、話法、表現の性格、時間関係、肯否定関係、言葉の様子など単語や連語で表現される客観的な内容と重なり合いながら、表現者の意図を表わしている。そしてそこにこそ、要素の総体が全て含まれているのである。だから文というのは、単語や連語で表現される客観的な内容と陳述性との統一体である、と言えよう。では具体的な用例から、そうした関係がどのように表現されているのかを見てゆこう。

(1)-a. 日曜日に 山に 荷物を 運ぶ。

上に示した用例は、四つの単語が組み合わさってできた連語であり、ここに一定の意味的な内容が表現されている。しかし、このような意味的な内容は、単語との意味=文法的な秩序が表わす意味的な内容であるに過ぎず、具体的な言語環境にもとづいて話者が表現した思想感情では決してない。そこで、このような連語を具体的な思想感情を表現する文とするためには、もう一つの違う側面、すなわち陳述性が新たに表現されるべきであろう。例えば、

(1)-b. 日曜日に 山に 荷物を 運んだ そうです。

(1)-bでは、連語で表現される客観的、かつ意味的な内容と現実との関係(陳述性)とが統一されることで、文の資格を完全に備えた用例となるのである。もっと具体的に言えば、(1)-aが「日曜日に 山に 荷物を 運ぶ」という連語で表わされた内容であるのに比して、こちらは次のような陳述性の諸要素が重なり合ってできたものである。

① 単語結合で表わされる内容が発話の瞬間より以前にあった事実であること。(過去時間)
② 事実を通達する内容であること。(通達話法)
③ その内容が別の人の言葉を伝える事実であること。(伝達法)
④ この内容を聞かされる人に対する尊敬。(敬語表現)

(1)-bからも分かるように、連語の観点からは、陳述性の要素とは、その場合の終わりに表わされる単語(中心語)にある。そして文の成分的な観点からは、組み合わさる述語の形態に、集中的に表わされる。実際に、(1)-bで示された陳述性の要素である、過去時間、通達話法、伝達法、敬語表現の文法的な側面は「運んだそうです」という中心語位置に示される移動動詞の形態系のなかに集中的に表現されている。そのため一般的に、文の客観的な意味的な

内容は、連語として表現され、陳述の要素と組み合わさり述語の形態体系の上に表現されるのである。

以上(1)-aと(1)-bの2例文をもって論じたように、文が連語に表現される意味的な内容は、陳述性との統一体において成されるということが知られよう。だから連語と文との関係において、その本質的な違いを規定できる要素こそ、陳述性であると言えよう。

10-6. 連語と文の成分との関係

文は、単語と連語の組み合わせによってできあがったものであり、連語と緊密に関連づけられている。だから、連語と文との相互関係を正確に把握する事は、連語自体に対する理解をより深めるだけではなく、連語研究の目的となる文の構造認識の前提を作るうえでも重要な問題となる。連語と文との相互関係を正確に把握するためには、まず文の構成の機能的な単位である文の成分と連語との関係から正しく解明すべきであろう。一般的に連語と文の成分は、同じく文の構成単位を作っているという点で、共通性を持つ。しかしながら、連語と文のそれぞれの成分は、文の構造の全般的な構成を反映する、相異なる秩序の単位でもある。だから両者は同じく文論の構成部分を作りながらも、それぞれ固有な体系を持っているのである。

このような状況について、鈴木康之(1983)は次のように指摘している。

> 連語は、文の構築材料として文の構造の中に入る時、その構成要素がそれぞれ文の成分に昇格していくことがある。その場合は、連語の構成要素の間の関係がそのまま文の中に持ち込ま

れるのだが、しかし、その関係は文の成分の間の関係に等しいというわけではない。なぜなら、文の成分の間の意味的な結び付きは、連語の構成要素の間のそれよりもはるかに複雑だからである。文が通達的な単位であり、機能的な構造をなしているため、文中に存在する連語の構成要素が、連語の枠を越えて文の中での機能を授けられ、言い換えれば、文の成分(主語.述語.補語.対象語.規定語.修飾語など)としての役割を果たして、機能的に規定されるのである。文の中において、連語の構成要素の結び付きを保ちながら文の成分として機能する。

連語の文に対する関係にはこうした二面性が認められるとする鈴木氏の見解に、著者もまた同調するものである。それでは今度は、連語と文との相互の関係をいくつかの例文を通じ見てゆこう。文の構造のなかで連語は、文の成分と関わりを保っている。また、その関わりの持ち方は実に多様でもある。個々の単語が文の構造や連語を構築するなかで、それぞれの単語や連語は、文の成分へと分解され得る。具体的には例えば——

(1)-a : <連語>

・学校に　行く。

(1)-b : <文>

・太郎は　学校に　行く。
　　　　　対象語　述語

(1)-c : <文>

・太郎は　学校に　行くのが　好きだ。
　　　　　　　　主語

(1)-d：＜文＞

・太郎は　彼が　学校に　行くのを　見た　ことが　ない。
対象語

(1)-e：＜文＞

・太郎は　学校に　行く　ことに　反対だ。
補語

(1)-b：＜文＞

・太郎は　学校に　行く　為に　自転車を　買った。
状況語

こうしてみると、文の成分が文の構成の機能の単位であると見れば、連語は文の構成の論理的な単位であると言えよう。文の成分が機能的な単位であるということは、それが文の構成の単位を作りながら、互いに相互的な関係を作る単語や連語を機能的な観点から、一次的に区分するときに出てくる単位であるということを意味している。だから、文の成分はまず、違う成分との相関的な関係を前提にしつつ、それ自体が文の構成の独自的な単位となるのである。

一方、連語が論理的な単位でもあることは、それが文を作る構成単位の間の意味=文法的な関係に基づいて、論理的に取りだした単位である事を意味するのである。だから、連語は、まず文の成分とは別に、常に相異なる単語や単位の間の相互関係を前提とするのである。この点において、連語は常に関係的である、と言えるだろう。なおまた、文の成分が孤立的であると言えるなら、これとは対照的に、連語は関係的であるとも言えよう。

(1)-g：＜連語＞

・太郎は　日曜日に　自転車で　学校に　行った。

(1)-h：＜文＞

・太郎は　日曜日に　自転車で　学校に　行った。
主語　　　　　補語　　　　　述語

(1)-gと(1)-hの2例からもわかるように、「日曜日に」「自転車で」「学校に」といった従属語名詞が、「行った」という中心語動詞と組み合わさることで、「学校に行った」「日曜日に行った」「自転車で行った」といった例に見るように、それぞれの連語の意味的な関係や文の成分である補語がいわゆる拡大補語として、連語と文の成分との関係を保っているものの、決して両者を同一視してはならないのである。

10-7. 連語と慣用句との関係

連語(word-groups)は、単語と単語との組み合わせ、いわゆる語彙的な意味と文法的な意味とが融合されて成り立つ構築物である。そして、慣用句(idiom)も、連語と同様に単語と単語との組み合わせによって成り立つものである。また、慣用句は、文の構造を構築する材料として用いる、という点も同様である。このように共通性を持ちながらも、連語と慣用句との間には、どのような違いがあるのかを調べてみよう。

連語は、単語と単語との組み合わせによって、その従属語と中心語位置に示される単語が持つ語彙的な意味を狭め、結び付きという名付け的な意味を生じるのである。ところが慣用句は、単語と単語との組み合わせによって生じる名付け的な意味が、従属語と中心語位置に示される単語の意味とは異なっている。ここに連語との相違点が認められよう。例えば、次の用例で示したように、移動性の結び付きを現わす動詞である、「来る」「入れる」「のぼる」のような動詞が、従属語位置に示される名詞と組み合わさり、「頭に来る」=感情を害されて怒る、「手に入れる」=自分の所有になる、「口に上る」=話題になる、というような意味合いが生ずるが、これらはいずれも字面(じづら) に記された移動性を表わす名付け的な意味とは全く異なる意味合いを帯びている。

○「でも出たんだよ」と僕は頭に来て言った。(村上春樹・ノルウエイの森(上))

○ 帰りの間ぎわにそういうことを申し入れるわずらわしさを考えて躊躇(ちゅうちょ)していると、ふいに鯨やんの大きな顔が目に入ってきた。(椎名誠・新橋烏森口青春編)

○ 家へ帰って、夕食を食べる時にも、妙に心が落ちつかない。軒の雨(あま)だれの音も信夫(のぶお)の耳にははいらない。(三浦綾子・塩狩峠(しおかりとうげ))

○「頭がぼんやりしてたんだ。それでいろんなことがうまく頭に入ってこなかったんだ」(村上春樹・ノルウエイの森(下))

○「どこで、この仏像を手に入れました?」(夢枕獏(ゆめまくらばく)・黄金宮)

連語の構造でも、慣用句の構造でも、その意味的な関係が生じる場合には、主に中心語位置に示される品詞によるものが一般的と思われる。その中心語位置に示される動詞の場合には、基本的な意味と派生的な意味があると言われている。

まず基本的な意味とは、その動詞が束ねている意味=カテゴリカルな意味であろう。言い替えれば、カテゴリカルな意味のなかでも最も表に出た意味であろう。この意味とは、一定の言語的な条件に縛られない意味である。これを自由な意味とも言うことができる。上に述べたように、移動動詞が、移動性の結び付きを実現させるためには、従属語位置に、場所名詞や空間的なニュアンス(場所性)を持った名詞が示されなければならない。このように、中心語位置に示される動詞の基本的な意味に注目して、名付け的な結び付きに注目することこそが連語研究である、と言えよう。

一方、派生的な意味とは、基本的な意味から外れた意味を指していよう。例えば移動動詞の場合、移動性を表わす意味が連語として組み合わされたとき、そこには移動性を表わす結び付きが、当然生じるべきであろう。しかしながら、組み合わせによっては、このような本来の意味=基本的な意味が実現出来ない場合がある。従属語位置に示される名詞の種類によっては、上で示された「頭に来る」「手に入る」「手に入れる」「目に入る」「口に上(のぼ)る」といった組み合わせによって、中心語位置に示された動詞の移動性とは無縁の意味が生じる場合である。これが、いわゆる移動性の基本的な意味からズレた意味=派生的な意味になるだろう。このような組み合わせは、形式上は連語と同様〈二単語〉から成り立っていても、意味的にはもはやそれ以上分割できぬものもあり、これらはいずれも慣用句的な意味合いを帯びた組み合わせであるといえるだろう。

ところで奥田靖雄(1984)は、このような組み合わせを「慣用句的な言い回し」と、「慣用句的な組み合わせ」と名付け、次のような見解を示している。すなわち――

「手をやく」「はらをたてる」「口火をきる」「やきをいれる」「だだを

こねる」「そでをひく」「むねをうつ」「あとをたつ」のような、意味的には分割しようのない慣用句のことを、慣用句的ないいまわしと名付けている。
それにたいして、「世話をやく」「あぐらをかく」「すもうをとる」「てつづきをふむ」「うそをつく」「けちをつける」「ぐちをこぼす」のような型の慣用句は、慣用句的な組み合わせであると区別している。

また、高木一彦(1997)は、＜慣用句＞を＜連語＞と区別して、次のように規定している。なお同氏は、＜慣用句＞も＜連語＞と同様に構造的なタイプによって、カテゴリー化できるという点にも注目している

見た目には二つ以上の組み合わさった形にみえるが、連語ではなく、その全体がひとまとまりで単語なみに独自の意味を表わし、習慣的に使われる。連語が名付け的な意味をずらせて慣用されると、慣用句が生まれる。単語や連語とともに、文を組み立てる材料となる言語の単位。例えば、

- 「(交渉に)骨が折れる」「(株に)手を出す」　(まとまり慣用句)
- 「癪(しゃく)にさわる」「埒(らち)があかぬ」「小耳(こみみ)にはさむ」(とけあい慣用句)
- 「相撲をとる」「碁をうつ」　(くみあわせ慣用句)

いずれにせよ、このような慣用句的な組み合わせにあっては、連語の構造を拡大し＜三単語＞＜四単語＞から成る組み合わせをもった連語として、構造を広げることもできなければ、その意味を豊かに広げることもできない。連語論の観点からみると、それらは連語の変種=派生的な組み合わせである、と言えよう。

10-8. Categorical MeaningとSemantic Componentとの関係

カテゴリカルな意味とは、語彙的な意味の構造の中で、外側にあって、核になる中心的な部分を取り巻いていることをいう。「きり付ける」「縫い付ける」「打ち付ける」「結びつける」といったな動詞の作り方のなかに焼き付けられているこれらの動詞の結合能力(Combinability)は、「付ける」のなかにあると言えよう。

そして、カテゴリカルな意味は、この中心的な部分を他の単語のそれと結び付ける連結器の役割を果たしている。また、語彙的な意味の構造のなかで文法的な機能を果たしている部分であるといえるだろう。それが単語に構造性を与えるのである。

品詞のなかで、動詞をカテゴリカルな意味に分類する場合、意思動詞と無意思動詞、動作動詞と状態動詞のように、対義的な分け方をなすこともできる。

連語は、単語(従属語)と単語(中心語)との組み合わせによって生じる、一つの「結び付き」を、研究の対象とする文法論である。このように、ある種の「結び付き」を想定した場合に、従属語と中心語位置とに示される単語が、いかなるカテゴリカルな意味(categorical meaning)と意味特徴(semantic component)のもとで、この種の結び付きを実現させることができるのか、ということも研究の対象になるだろう(以下、「カテゴリカルな意味」と「意味特徴」と呼ぶ)。換言すれば、それぞれの従属語と中心語位置に示される単語のカテゴリカルな意味と意味特徴とを全面的に浮き彫りにすることで、目的とする連語も浮き彫りにされるだろう。それゆえ、カテゴリカルな意味と意味特徴は、連語を構築させるうえで最も基本的な単位である、とも言えよう。

ここでは、「移動動詞グループ」を例として、それが様々な連語の構造を構築する過程の中で、それぞれの単語(従属語と中心語)に示される、その「カテゴリカルな意味」と「意味特徴」が、どのような役割を果たしているのかを調べてみよう。

まず「移動性の結び付き」を想定した場合に、中心語位置に示される動詞は、当然移動動詞で示されなければならない。そこで、移動動詞を以下のようにカテゴリー化し、それぞれのカテゴリーに命名しよう(以下の移動動詞を「移動動詞グループ」と呼ぶ)。

(1) 行き来動詞

行く・来る・やって来る・帰る・戻る・通う・集まる・駆け付ける・進む・歩く・走る・這う・駆ける・泳ぐ・飛ぶ…

(2) 近づきの動詞

近づく・接近する・近寄る…

(3) 出入り動詞

出る・入る・出入りする・流れ込む・飛び出す・発(た)つ…

(4) 到着動詞

着く・たどり着く・到着する…

(5) 出現動詞

出る…

(6) 行き来所動詞

行く・来る・帰る・戻る・登る・上がる・降りる・下る・回る・曲がる・進む・歩く・走る・這う・駆ける・泳ぐ・飛ぶ…

(7) 通り抜け動詞

通る・渡る・越える・抜ける・過ぎる・経る・横切る…

(8) 離れ動詞

出る・発つ・去る・遠ざかる・離れる・退く・引き上げる…

(9) 行き来移し替え動詞

移す・運ぶ・集める・届ける・送る・やる・戻す・返す・投げる・放(ほう)る・捨てる・落とす…

(10) 近づけ移し替え動詞

近づける・近寄せる・接近させる・進める…

(11) 出し入れ移し替え動詞

出す・取り出す・入れる・出し入れする…

(1)〜(11)までのカテゴリーの内訳は、移動動詞における移動の仕方に注目して分類されたものであって、それぞれのカテゴリーには共通性の意味を伴っている、ということがわかるであろう。また、その共通性の意味のなかに属する各単語には、それぞれの意味特徴が内包されている、ということにも注目すべきであろう。

それでは、この移動動詞が、連語の構造を構築する場合に、カテゴリカルな意味や意味特徴は、どのような役割を果たすのかを調べてみよう。

まず、1)に示された行き来動詞は、A地点から移動し、B地点に到達(到着)をする、というカテゴリカルな意味のもとで、他の移動動詞とのカテゴリー化ができる。このようなカテゴリカルな意味が、連語の構造に入り「移動性の結び付き」を実現させるためには、従属語位置に「に格」の形をとる場所名詞(locativenoun)や空間的なニュアンス(場所性)を持った名詞が示されなければならない。もし、空間的なニュアンスを持たないモノ名詞や人名詞を用いる場合には、その従属語名詞には「〜のところに」「〜のそばに」「〜のうえに」「〜のなかに」のような、トコロ性を持つ形式名詞を用いて、空間化の手続きが取られなければならない。したがって、このような組み合わせによって、「行き来先の結び付き」が表わされるのである。中心語位置に示される動詞を個別的に、その意味特徴に注目すると、「行く・来る」は一直線に目的地までの移動であり、「帰る・戻る・引き換えす・引き取る」は、元の居場所への再移動であり、「通う」は出先点の場所と移動の反復性が浮き彫りにされる移動であり、「集まる・集合する」は多方面から一個所への移動、という意味特徴がみられる。このように、動詞グループ内での、大きなカテゴリー化と、移動動詞なかでの個別的な意味特徴のもとでの小さなカテゴリー化とが可能となる。また、従属語位置に示される名詞については、いかなる空間場所性を帯びた名詞で示されるかが問題となる。言い替えれば、従属語位置に示される名詞が、「行き来先の結び付き」を実現させるためには、空間性を持った名詞と空間性を持たない名詞とをカテゴリー化することが要請される。そして、空間性を持った名詞こそが、この種の連語を実現させる構成要素としての資格を獲得出来ると言えよう。

(2)に示された近づき動詞は、A地点から移動しB地点に近づけばよい、というカテゴリカルな意味のもとで、他の移動動詞とのカテゴリー化が可能となる。このようなカテゴリカルな意味が、連語の構造に入り「移動性の結び付き」を実現させるには、従属語位置に「に格」の形をとる場所名詞が示されなければならない。ここで、行き来動詞が実現させる連語の構造と比べてみよう。行き来動詞が実現させる連語では、従属語位置に、必ず空間的な名詞が示されなければならないという制約がある。しかし、近づき動詞が実現させる連語では、その従属語位置にはモノ名詞や人名詞が示され、必ずしもその上で空間化されなくてもよいという従属語名詞における意味特徴がみられる。また、中心語位置に示される「近づく・接近する・近寄る」のような近づきの動詞が、人名詞と組み合わさるものの、それが空間的な移動性による近づけではなく、精神面や心における近づきを示すという連語もみられる。このように、一つの組み合わせのなかで、移動性を表す連語と心理面での移動を表す連語とがみられるが、ここでもやはり、本稿が進めている意味的な関係によるカテゴリー化が可能となろう。

(3)に示された出入り動詞は、B地点への出入りの移動を示す、というカテゴリカルな意味のもとで、他の移動動詞とのカテゴリー化ができる。このようなカテゴリカルな意味が、連語の構造に入り「移動性の結び付き」を実現させるためには、従属語位置に「に格」の形をとる場所名詞が示されなければならない。ここで、行き来動詞と近づき動詞とが実現させる連語の構造とを比べて見よう。行き来動詞が実現させる連語の構造では、従属語位置に示される名詞には、必ず空間的な名詞が示されなければならなかった。そして近づきの動詞が実現させる連語では、従属語位置に示される名詞の空間化には関心を持たないという組み合わせであった。一方、出入り動詞は、近づき動詞と同様に、その空間化には関心を持たないという特徴がみられる。また従属語位置に「屋根付きの名詞」というカテゴリカルな意味を帯びた名詞が示されなければならない。

ところで、「移動性の結び付き」の一つである「行き来先の結び付き」を構築するためには、中心語位置にはA地点から移動しB地点に到着（到達）するという意味特徴を表わされる動詞で示され、従属語位置には空間的な要素を帯びた名詞で示さなければならないという組み合わせである。もし、この組み合わせを持って、「近づきの結び付き」を実現させるためには、中心語位置に移動性のカテゴリカルな意味に属する動詞のなかで、B地点に近づくという移動動作の意味特徴を指し示す動詞で示されなければならない。たとえ、従属語位置に空間性を帯びた名詞で示されても、「近づきの結び付き」では、それには関心を持たないという構造的な特徴が認められる。(6)～(11)までに示された動詞も同様に、このカテゴリカルな意味のもとで分類された動詞が、それぞれの意味特徴を示しながら連語の構造を作り、そのカテゴリカルな意味にふさわしい結び付きも誕生するのである。

このように細分化された、それぞれのカテゴリカルな意味のなかで、それぞれが持つ意味特徴のもとで、連語が実現される。「移動動詞」という動詞グループにおいて、このように様々な連語のカテゴリー化ができるということは、それなりのカテゴリカルな意味と意味特徴とが分析可能であるからであろう。このように、従属語と中心語位置に示されるそれぞれの単語が、連語を構築する要素として、カテゴリカルな意味が存在しているからである。よってカテゴリカルな意味というのは、文法的な結び付きを係わりとのなかにおける、語彙的な意味（換言すれば、「共通の意味」とも言える）にほかならない。一方、語彙的な意味には、それぞれの単語は語彙的な意味を持っていることから、その語彙的な意味のなかには結び付きを作り出す側面（意味特徴）が内包されているようである。それゆえ、カテゴリカルな意味は文法的な側面から見たものであり、意味特徴は語彙的な意味の側面から見たものである、と言えよう。

10-9. Syntagmatic RelationとParadigmatic Relationとの関係

「10-8. Categorical MeaningとSemantic Componentとの関係」のところで示した、「移動動詞グループ」を参考にしながら、この節の論述を進めていきたい。連語は、カテゴリカルな意味と意味特徴を帯びた、単語によって組み立てられた産物である。例えば、ある空間名詞が、カテゴリカルな意味に属する動詞の「行く.来る」という動詞と組み合わさった場合と、「帰る.戻る」や「通う」.「集まる」といった動詞と組み合わさる場合とは、その「行き来先の結び付き」には変りはない。これは単語(従属語)と単語(中心語)との結びつきが、文法的な形式における、Syntagmatic Relation(横並び的な関係/(以下、「syntagmaticな関係」と呼ぶ)のもとで実現されるからである。例えば、

○ 再来年くらいになったら、わたし、新婚旅行で外国にゆくかも知れないわ。(武者小路実篤・友情)

○ おまえと楽しいわが家をつくるために、その材料を外国に買いに来たのだ。(武者小路実篤・愛と死)

○ そして島村はその日東京に帰ったのだった。(川端康成・雪国)

○ 東京に戻って、〜(阿刀田高・ミステリー短編選)

○ 「陽子も元気になって学校にかよっているし、〜。」(三浦綾子・続氷点)

○ 早川の友だちのそういう連中が五六 人よく仲田の家に集まった。(武者小路実篤・友情)

また、中心語位置に、行き来動詞に代えて近づき動詞を置くことも可能である。例えば、

○ 川に近づくにつれて、下草が丈高く伸び、～（三浦綾子・続氷点）

○ もっと金閣に接近して、私の目に醜く感じられる障害は取り除き、～(三島由紀夫・金閣寺)

このように、中心語位置に、近づき動詞を入れ替えることもできるが、入れ替えることで、意味的な関係も変化していることがわかるだろう。今度は、従属語位置に、空間名詞に代えて動作性名詞が置かれた例を見てゆこう。例えば、

○ 京都に講演に行ったとき、～。(三浦綾子・生きること思うこと)

○ ちかこは女中を呼んで、茶室の掃除にたって行った。(川端康成・千羽鶴)

○ 結婚式につぐアメリカ西海岸への新婚旅行で、帰って来ればすぐに仕事に戻らなければならなかった。(森瑤子・結婚式)

このように、移動動詞が、空間性を帯びた名詞ではなく、動作性の名詞と組み合わさると、「移動性の結び付き」から「目的の結び付き」へと転化してしまうのである。

「移動動詞グループ」が、カテゴリカルな意味ごとに、連語を構築することができる。さらに上に示されたように、行き来先の結び付きを実現させる従属語と、近づきの結び付きを実現させるときの従属語とを入れ替えることができる。また、中心語も従属語と同様に、他の結び付きを実現させる単語で入れ替えが可能である。このように組み合わせの関係に注目するのが、paradigmatic relation(縦並び的な関係/以下、「paradigmaticな関係」と呼ぶ)である。

syntagmaticな関係を「従属語と中心語との関係」と規定するの

なら、このparadigmaticな関係とは、「従属語と従属語との関係」、あるいは「中心語と中心語との関係」であると言えよう。

この二つの関係について、薛根洙(1997) は、次のように図表化している。

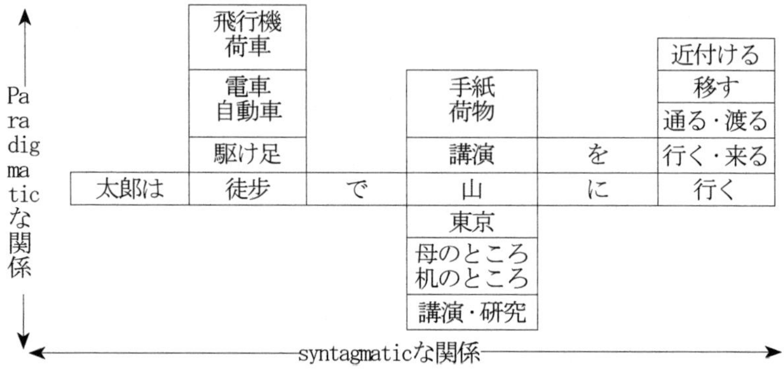

連語研究の対象として、単語と単語との組み合わせによるsyntagmaticな関係だけではなく、paradigmaticな関係をも今後は一層含めねばならないであろう。

10-10. 連語(word-groups)と結合(valence)との関係

Valenceとは、元々ドイツ語のvalenzに由来した用語である。この用語は、化学における「ある原子が他のいくつの原子と結合するか」という視点を、言語学へと応用したものである。これを日本語では、結合や結合能力と呼んでおり、連語の研究において、切っても切れない非常に緊密な関係を保っている。

ある種の動詞が、この結合能力にそって、いくつかの単語と組み合わさる能力(結合)を持っているということを、水谷信夫他(1983)は、次のように述べている。

〈結合価１〉の動詞は「死ぬ」などがあり、〈結合価２〉の動詞は「持つ」「殺す」「見る」などがあり、「本を持つ」「ネズミを殺す」「虹を見る」のように組み合わせができ、〈結合価３〉の動詞は「示す」「言う」「与える」などがあり、「警察に身分明書を示す」「先生にお礼を言う」「子どもにお金を与える」のように組み合わせることができる。また、「(雨が)降る」のように結合価が〈０〉の動詞もある。

このように、それぞれの動詞は、それぞれの結合価によって、組み合わさる単語の数も違って来るのである。言い替えれば、このような結合能力によって、〈二単語連語〉や〈三単語連語〉をもはじめて構築することができるのである。

これを一見した限りでは、連語と結合価とは、まったく同様な文法形式をもっているように思われかねない。だが、文の構造において、それぞれの対象となる文の成分は明らかに異なっているのである。次に示す例句は連語のレベルでみれば、中心語位置の動詞を中心とする文である。例えば、

(1)-a＜結合価＞

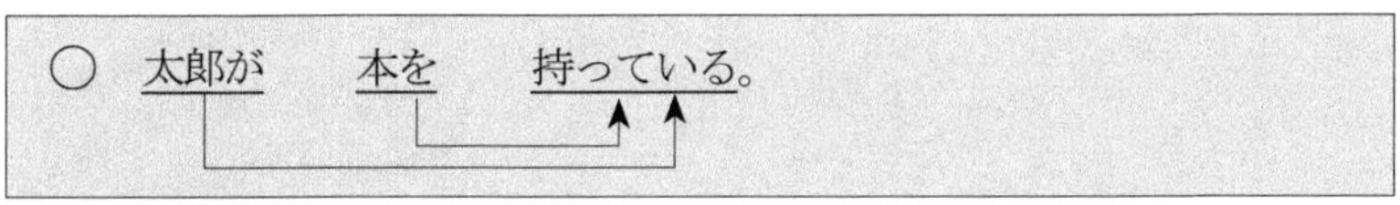

(1)-aa＜連語＞

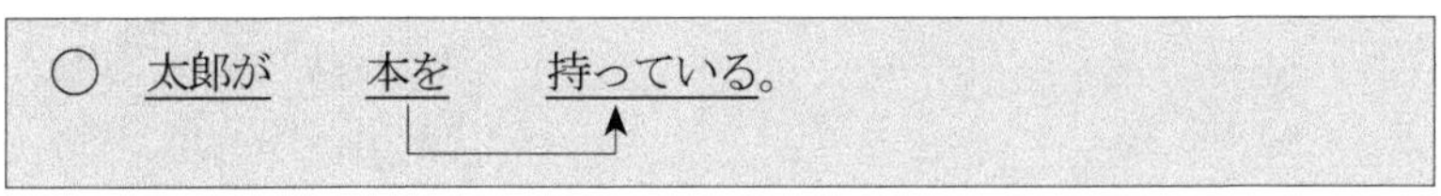

(1)-b＜結合価＞

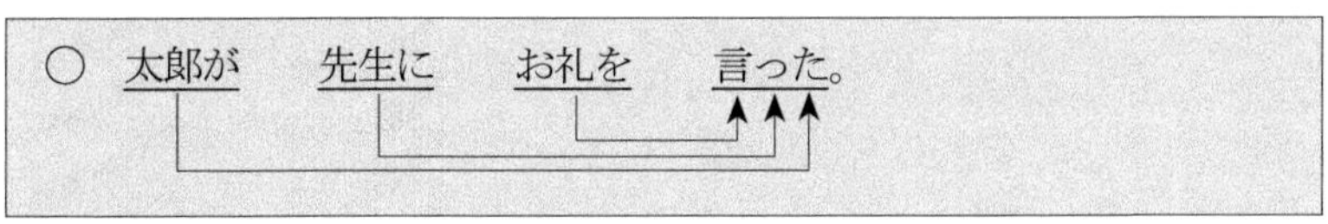

(1)-bb＜連語＞

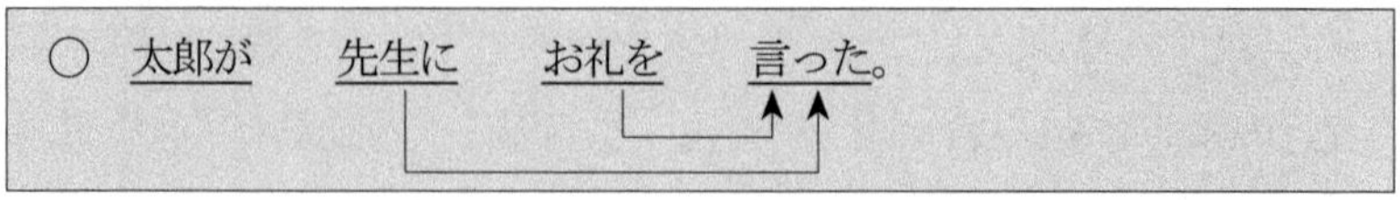

一方、結合価の研究対象は、連語とは異なっており、文のレベルで見る際、単に補語だけでなく、文の主体まで視野に入れている。これに比すれば、連語研究では、(1)-aaと(1)-bbで示されているように、「本を持っている」「先生に言った/お礼を言った」など、文のなかで主体を除いた補語までを対象としている。それゆえ、連語研究の対象は文の成分からみると、あくまでも中心語の単語と組み合わさる補語や、中心語と述語との組み合わせまでにとどまるのに対し、結合価研究のそれは、補語と述語はもちろんのこと、主語を含んでいるのである。

第11章.

シソーラス(Thesaurus)

11-1. シソーラスとは何か

11-2. 意味関連の用語

11-3. シソーラスの種類

11-1. シソーラスとは何か

シソーラス(Thesaurus)とは、同義語·類義語の単語を上位·下位関係、部分·全体関係、同義関係、類義関係などによって単語を分類し、体系づけた辞書である。われわれが普段使っている自然言語の国語辞典は、「あいうえお順」に引きやすく並べた辞書であるのに対し、このシソーラス辞典は、ある目的を想定して、意味特徴別に分類したものである。

シソーラスの語源は、ギリシャ語(thesaurus)から由来したもので、元々の意味は宝物庫である。このシソーラスを辞書化したのは、1852年、英国でロジェ (Peter Mark Roget 1779-1869)が、語彙を意味によって分類した『Thesaurus of English Words and Phrases』(英語語句宝典) を著したのに始まる。一方、日本の場合は、1964年に至り、国立国語研究所編により『分類語彙表』が発表されている。

日本におけるシソーラスは、自然言語処理の分野でも重要な位置を占めつつあり、『分類語彙表』、『日本語大シソーラス』、『日本語語彙大系』、『EDR概念体系辞書』など、電子データベース化されたものも、まま見受けられる。また、データベース化されたシソーラスには、木構造(tree)、または表形式で成り立っているものもある。

11-2. 意味関連の用語

ある目的にそって、シソーラスを分類する場合、最上位概念語・上位語・下位語・関連語などのように、いろいろな関係を指し示される。一般的に使用されている用語を示せば、以下のとおりである。

・TT(Top Term)　　　：最上位概念語(カテゴリカルな意味)
・BT(Broader Term)：上位概念語(最上位概念語の意味と意味特徴)
・NT(Narrower Term)：下位概念語(最下位概念語の意味と意味特徴)
・RT(Rerated Term)：関連概念語(上位概念語や下位概念語の仲間)

このような構造化を活かして、「食べ物」という単語を、カテゴリー化する場合、それぞれの関係で示した、TT・BT・NTとの関係を表わすと次のようである。

○ TT(食べ物)→ BT(穀物類) → NT(米・麦・小麦)
　　　　　　→ BT(肉類) → NT(牛肉・豚肉・鶏肉)
　　　　　　→ BT(魚類) → NT(マグロ・カツオ・サンマ)

ここで、食べ物のRT(関連語)に当たるものは、BTで示された穀物類・肉類・魚類であり、またNTで示された米・麦・小麦、牛肉・豚肉・鶏肉・マグロ・カツオ・サンマである。

11-3. シソーラスの種類

日本で主に公刊されたシソーラスの種類は、いろいろあるが、以下は、これまで日本で公刊された、主要なシソーラスである。

1)『分類語彙表』（国立国語研究所）

『分類語彙表』(1964年、国立国語研究所)は、単語を意味によって分類・整理したシソーラスである。1964年に初版が出たのち、2004年度に増補版の発行を見た。(具体的には「12.2日本のシソーラス研究」を参照されたい)その説明書には構築者の次のようなメッセージが掲げられている――

本表は現代日本語の本格的なシソーラスとして幅広く活用されてきました。この度、収録語数を増やした『分類語彙表–増補改訂版–』が刊行されましたが、研究開発用にそのデータベース版を用意しました。

本データベース版は、書籍版の『分類語彙表–増補改訂版–』の元となったデータを加工したものです。データベースソフトに取り込めるようＣＳＶ形式になっています。レコード総数は、101,070件です(この中には、見出しの併記を分割してできたレコード及び分類項目内の意味的区切りを示すレコードを含みます)。

2)『日本語語彙大系』（岩波書店）

『日本語語彙大系』(1997年，岩波書店)は、日本電信電話株式会社(NTT)が、10年以上の歳月を費やして開発を進めてきたものである。この研究成果は、特に日英機械翻訳システムALT-J/E用の辞書としてかつてない質と規模をもつ日本語意味辞書の開発をもたらした。

この日本語意味辞書は、元来は機械翻訳用として作られたものであるが、日本語意味解析用の辞書としてだけでなく、シソーラスとして、日本語構文辞典として、さらには和英表現辞典としても、広範な活用が期待されている。

『日本語語彙大系』は、全5巻で刊行されており、30万語にもおよぶ日本語の語彙を「意味体系(1巻)」「単語体系(2～4巻)」「構文体系(5巻)」の構成で分析しており、その巻別に収録されたデータの具体的な構成は以下のとおりである。

＜日本語語彙大系の構成＞

<table>
<tr><th>巻数</th><th>巻名</th><th colspan="2">収録データ</th><th>件数</th></tr>
<tr><td rowspan="7">1巻</td><td rowspan="7">意味体系</td><td colspan="2">編集方針</td><td></td></tr>
<tr><td rowspan="3">意味属性体系</td><td>一般名詞意味属性体系</td><td>2,710属性</td></tr>
<tr><td>固有名詞意味属性体系</td><td>130属性</td></tr>
<tr><td>用言意味属性体系</td><td>36属性</td></tr>
<tr><td rowspan="3">意味属性別
単語表</td><td>一般名詞意味属性別単語表</td><td>2,710属性</td></tr>
<tr><td>固有名詞意味属性別単語表</td><td>130属性</td></tr>
<tr><td>用言意味属性別単語表
文型パターン対表</td><td>36属性</td></tr>
<tr><td>2～4巻</td><td>単語体系</td><td colspan="2">単語体系</td><td>30万語</td></tr>
<tr><td rowspan="3">5巻</td><td rowspan="3">構文体系</td><td colspan="2">構文体系</td><td>6,000用言
14,000文型</td></tr>
<tr><td colspan="2">日本語名詞索引</td><td>3,300件</td></tr>
<tr><td colspan="2">英語索引</td><td>35,000件</td></tr>
</table>

[出典]『日本語語彙大系』岩波書店(1999)をもとに作成

3)『日本語大シソーラス』

『日本語大シソーラス』(2005年、大修館書店)は、和語·漢語·季語·カタカナ語など、20数万語句を収録し、述べ語数32万語句にのぼり、語句数の圧倒的な多さで知られている。

このシソーラスの特徴は、意味の近さ、連想関係によって、20数万語句を1,044のカテゴリーに分け、さらにそのカテゴリーの内部が「意味の近さ」によって小語群にまとめられている。その小語群の数は、1カテゴリーにつき、1～30数個まであり、総計14,000語群を示している。また、同じ語句が様々な語群に登場したこと、意味の同一性よりも連想関係を重視したこと、品詞別を廃止したこと、索引が充実していることなどをその特徴に挙げるべきであろう。

4)『類義語使い分け辞典』

『類義語使い分け辞典』(1998年、研究社)は、類義語表現のニュアンスの違いを用例を通して、その使い分けを詳しく説明している。例えば、「愛」と「恋」、「辺り」と「周辺」、「いよいよ」と「ますます」と「どんどん」、「干す」と「乾かす」、「しかし」と「けれども」等など、使い分けや意味の違いがうまく説明できない部分を、単語のつながり、置き換え表現などを例文を使って解説しているところにその特徴が認められよう。

5)『類語新辞典』

『類語新辞典』(2005年、三省堂)は、国語教育·日本語教育での活用を主眼とし、そのため俳句·短歌を中心に文学作品から多くの単語用例を精選し、5万項目余を収録している。特に、実生活に即して「自然·人間·文化」の3大分類を行い、18のジャンルを下位分類していることが特徴である。

＜3大分類・18ジャンル＞

1. 自然（自然界の事物を名づけた言葉） ・A天文・気象　B物象　C土地　D自然物　E植物　F動物
2. 人間（人間とその現象・行為・関係にかかわる言葉） ・G人体　H生理　I関係　J属性　K感性　L活動
3. 文化（社会生活の中で生み出された言葉） ・M社会　N生活　O学芸　P産物・製品　Q抽象　R認定・形容

6)『類語大辞典』

『類語大辞典』(2002年，講談社)は、現代日本語を意味によって100のカテゴリーに分類し、27万9000項目を収録したものである。また、言葉の意味の微妙な差異まで書き分けた、的確明快な語義解説や用例が「フルセンテンス」で表わされており、50音順の索引も漫然と語彙を配列するのではなく、探したい単語をピンポイントで検索できるように構成されていることが特徴である。

第12章.
Thesaurus Managerを利用した語彙分類の研究

12-1. Thesaurus Managerとは何か

シソーラスマネージャー(Thesaurus Manager)は、シソーラス管理機(以下、「管理機」と呼ぶ)を利用して、日本語の語彙を効率的に構築するに足る方法を確立することを目指している。そもそもシソーラスマネージャーとは、データベースのアプリケーションソフトであるが、これによってデータベースを構築する際には、単語間の上位概念語(Broader Term)・下位概念語(Narrower Term)・関連概念語(Related Term)・最上位概念(Top Term)……といった意味関係が、相互にどのように相関性を有しているか、段階別に分類できるようこころがけた。用いたデータは、日本国立国語研究所編集の『分類語彙表(増補改訂版)』によった。

この表に収められた語彙数を「延べ語数/異なり語数」とに分けて、各品詞ごとに調べてみると次の通りである——品詞のなかでも名詞に当たる体の類は(64,457/56,130)、動詞に当たる用の類は(21,605/16,704)、形容動詞·形容動詞・副詞に当たる相の類は(8,879/7,357)、副詞・簡単詞・接続詞に当たる「その他」に属する例は(870/789)。そして、これら語彙の全体を示す「延べ語数」は＜95,811個＞であり、一方、「異なり語数」は＜79,516＞である。

膨大な単語を意味特徴別(体系的)に、管理(整理)することは、容易なことではない。しかし、今日ではコンピュータによる言語処理(DB化)の手法が確立され、かつは一般化されている。したがって、このような研究も、コンピュータによって管理することが可能となった。在来の出力作業式のようなアナログ式から脱皮し、半自動式のシソーラスマネージャーの利用ができれば、もっと効率的な研究もできるだろう。

12-2. 日本のシソーラス研究

日本でのシソーラス研究資料としては、上述の『分類語彙表』のほか、『日本語語彙大系』『日本語大シソーラス』『類義語使い分け辞典』『類語新辞典』『類語大辞典』などが挙げられる。下の＜図1＞は、これら先行業績から『分類語彙表』を選択した上で、著者が多少の手を加えたものであるが、品詞別にカテゴリー化した、分類段階・項目には特に注目してほしい。

＜図1＞『分類語彙表』

NO	分類段階	分類項目	名詞	動詞	形容詞·形容動詞·副詞	副詞·感歎詞·接續詞
1	1次分類段階	類	体	用	相	その他
			1	2	3	4
2	2次分類段階	部門	1.1(抽象的関係)	2.1(抽象的関係)	3.1(抽象的関係)	4.1(なし)
3	3次分類段階	中項目	1.12(存在)	2.12(存在)	3.12(存在)	4.11(継続)
4	4次分類段階	類項目	1.1200(存在)	2.1200(存在)	3.1200(存在)	4.1110(累加)
5	5次分類段階	段落	01~13	01~12	01~09	01~07

『分類語彙表』の場合は、1次～5次まで細かく段階別に分類しているが、一次分類段階を「類」とし、二次分類段階を「部門」とし、三次分類段階を「中項目」とし、四次分類段階を「類項目」とし、五次分類段階を「段落」とした。これら呼称によって、上下語との関連語を示したのである。また、分類項目の具体的な表示方式についていえば、「類」の場合を「1」とし、「部門」の場合を「1-1」とし、「中項目」の場合を「1-1200」とし、「類項目」の場合を「01～13」とした。また、「用の類(2、2.1、2.12、2.1200、01～12)」「相の類(3、3.1、3.12、3.1200、01～09)」「その他(4、4.1、

4. 11、4. 1110、01～07)」の場合も、それぞれの段階のカテゴリーを具体的な名付けによってではなく、こうした数値で示している。

例えば、名詞のなかで「通知」という言語活動を表わす単語は、「1」の体の類という類、「1. 3」の 精神および行為という部門、「1. 31」の言語という中項目、「1. 3123」の伝達・報知という分類項目のカテゴリーに属している。

この「1. 3123」という分類番号は、次に示すような構造を有している＜図2＞。

＜図2＞

1 ………………… 体の類 ［類］
1. 3 ……………… 精神および行為 ［部門］
1. 31……………… 言語 ［中項目］
1. 3123…………… 伝達・報知 ［分類項目］

1. 3123 伝達・報知
01 ＜中略＞
↓
05 通知 連絡 通達 達し 通牒
最新通牒 既達 厳達
通報 一報 諜報
内応 内通 密告 内報 リーク
↓
12 ＜中略＞

12-3. 管理機の構造

この管理機の構造は、(1)全体的に視覚化された環境のもとで、客体-指向の概念を、シソーラスの構築および維持・保守・質疑の拡張にまで適用しているということと、(2)管理システムが半自動方式であるということの、計2点にあると言えよう。さらに付け加えるなら、大容量のデータと信信頼性が高いシソーラスを短期間に構築できる最適のソリューション(solution)も見落とせない。

ここで一歩踏み込んでシソーラスマネージャーの特徴を見てゆこう。まず、データの入出力が容易であり、加えてPC基盤で使用できる。したがって、システムの統合管理が容易である。次に、膨大なデータを入力する場合に、多くの人が、同時に使用者を支援するということも可能である。さらに、すでに入力されたデータの維持・保守及び構造変更も、以前のアナログ時代に比べれば格段に容易となった。そして、＜図3＞を参照された読者には理解できるように、データの上位語と下位語との関係を、Spreading activation(活性化の拡散模型)および航海方式(navigation system)のように、ブラウジング(blousing)することもできる。さらに付け加えるなら、シソーラスマネージャーは、

＜図3＞

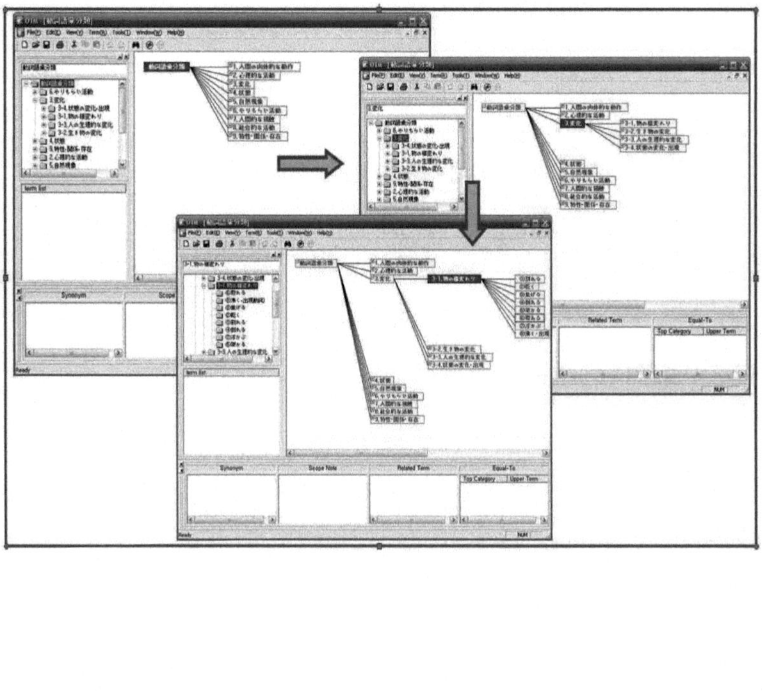

漢字・日本語・中国語・英語など、多言語から成るデータが構築できるように、ユニコード(UTF-8)を支援してもいるのである。

1)「類(1次分類段階)」のカテゴリー

「類」のカテゴリーは、最上位の分類であり、これは単語の品詞による分類である。その品詞を大きく四つに分け、それぞれ「体の類(名詞)」「用の類(動詞)」「相の類(形容詞・形容動詞・副詞)」「その他の類(接続詞・擬態語・擬声語等)」と名付けた。これらがいわゆる上位語に当たるのである。

1. 体の類　2. 用の類　3. 相の類　4. その他の類

上記の「類」を管理機で入力した場合は、＜図4＞のように表示できる。これを見ると、「体の類」「用の類」「相の類」「その他の類」が、上位の同じ階層のレベルで示されている、ということが認識できよう。それぞれの「類」の前に、(+)記号が示されているのは、そのフォルダ(folder)のなかに下位分類である下位語の情報が入っていることを示している。

＜図4＞

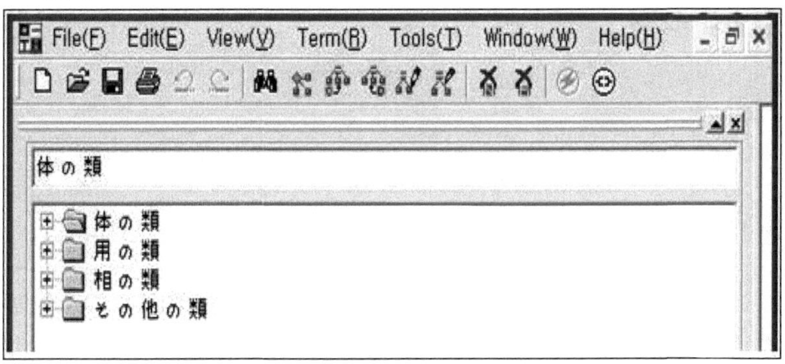

2)「部門(2次分類段階)」のカテゴリー

ここで＜図5＞で示した、「類」の段階から「部門」の段階に至るまでの、下位分類による関連語に注目してほしい。これは最上位の類(体・用・その他)のもとに、それぞれ「部門」という項目で下位分類し、このデータをシソーラスマネージャーを利用して入力したものである。「体の類」→抽象的な関係、人間活動の主体、人間活動の精神および行為、自然物および自然現象を示す。「用の類」→抽象的な関係、精神および行為、自然現象を示す。「相の類」→抽象的な関係、精神および行為、自然現象を示す。「その他の類」→接続を示す。このように、上位語と下位語との関係を「活性化拡散模型」によって示すことによって、それぞれの関連語との関係が一目瞭然となろう。

＜図5＞

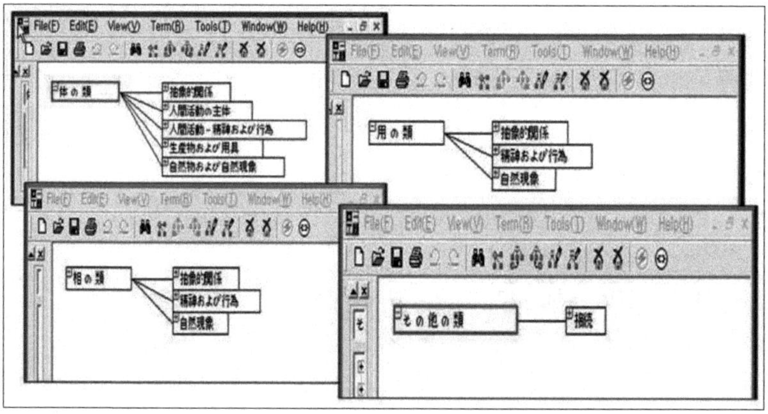

3)「中項目(3次分類段階)」～「段階(5次分類段 階)」のカテゴリー

これは「類(１次分類段階)」と「部門(2次分類段階)」の上位語から下位語に当たるものをいう。より具体的には、「中項目(3次分類段階)」「類項目(4次分類段階)」「段落(5次分類段階)」のような、いわば段階別に関連語を示したものを指す。＜図6＞で示した、「体の類」→「抽象的な関係」→「事柄」→「事柄」→「者(もの)」のように、段階別に上位語と下位語との関係を「活性化拡散模型」で示している。これによって、それぞれの関連語との関係が一目瞭然となろう。

＜図6＞

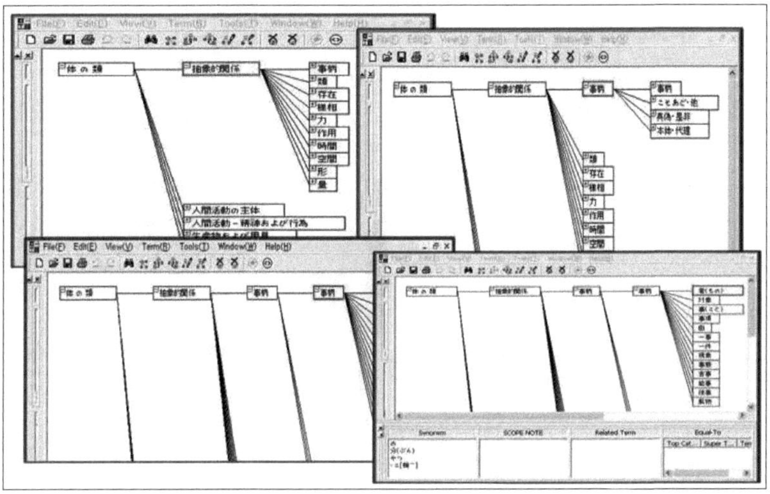

4) データの維持・保守

シソーラスマネージャーは、膨大なデータを入力する場合、同時使用者への支援も可能となるように設計されている。また、すでに入力されたデータの維持・保守および構造変更も、以前のアナログ時代に比すれば格段に容易である。

たとえば「上がり」「下がり」の下位分類に、「上昇」という単語が登録された場合を考えてみよう。膨大な資料を沢山の作業者が同時に入力する場合、すでに入力された「上昇」という単語を別の作業者が入力した場合は、<図6>のように、<「上昇」は、すでに上位語のカテゴリーに存在するが、入力しますか？>という作業者に確認できるようメッセージが表示される。これは、同じ単語を再度入力するというエラーを省くためのものである。それでももし意図的に入力してしまった場合は、<図7>のように上位語の二つのカテゴリーと関連語であるという関わりが画面上に明示されるのである。

<図7>

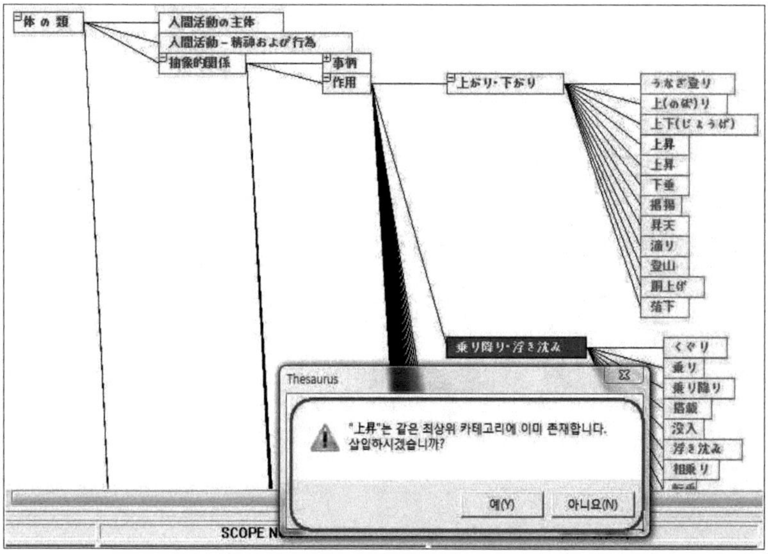

<図8>で示したように、「上昇」という単語が、上位語に当たる「上がり・下がり」と「乗り降り・浮き沈む」にも示されている、ということに注目してほしい。これは「上昇」という単語が、二つの上位語に跨(またが)っているということを示しているのである。すなわち、一つの単語が他の上位語と関連性を有している場合には、どの上位語と関連性があるのかということを、このようなすこぶる視覚化された環境で示すことができるのである。

＜図8＞二つの上位語との関わりを示す場合

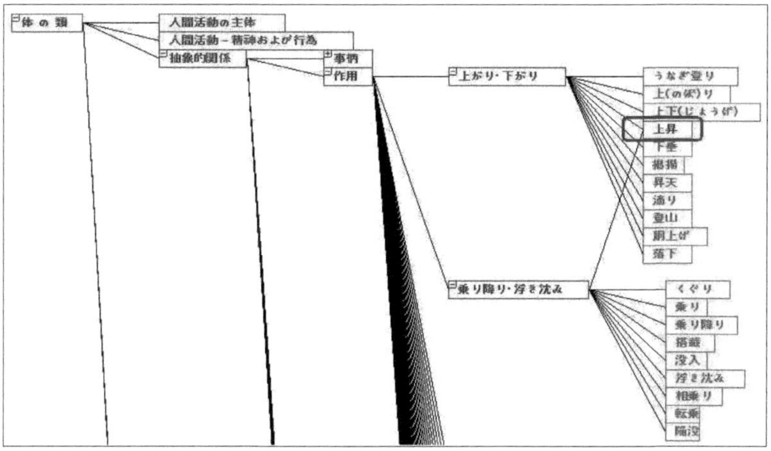

5) データを検索する場合

検索機能とは、すでに入力されたデータを検索することをいう。「上昇」という単語を検索する場合は、具体的には＜図9＞のように単語を入力すればよい。

＜図9＞

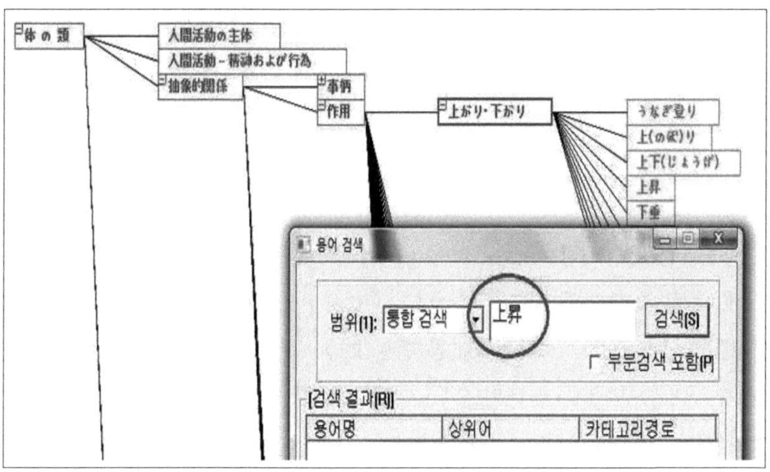

＜図10＞は、「上昇」という単語を検索した結果である。その検索の結果は、上位語やカテゴリーの経路などの関連性を示し、「上昇」という単語に属する類義語(Synonym)までも示されるのである。また、この検索ウインドウーでは、単語を修正することもできるのである。すなわち「上昇」という単語が、どの上位語に属しているか、類義語の種類なども、その必要があれば簡単に添削できるのである。

＜図10＞

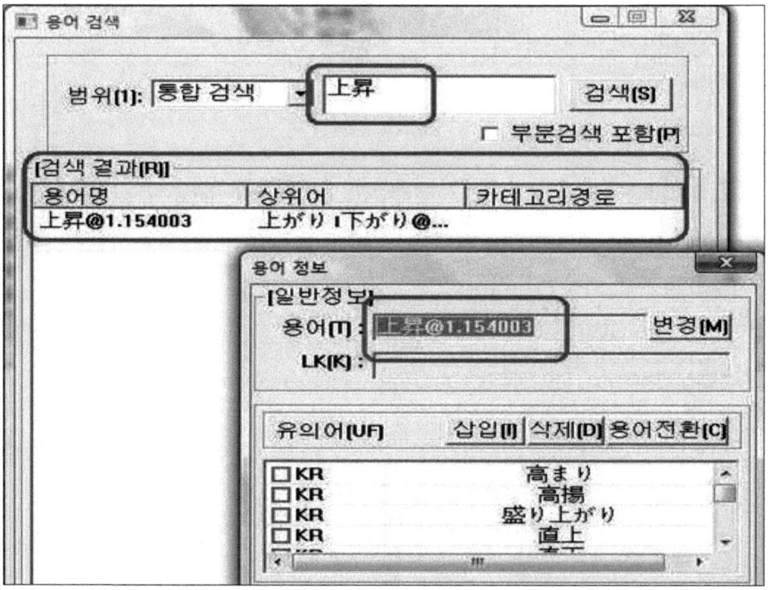

＜図11＞は、「上昇」という単語に関連するさまざまな類義語を示したものである。このように「上昇」と同類の類義語は、どんな種類があるか、一目で知悉(ちしつ)できよう。とりわけ、類義語の関係のなかで、どういう意味合いの順に配置されているかを、すぐれて具体的に表わしているのである。

＜図11＞

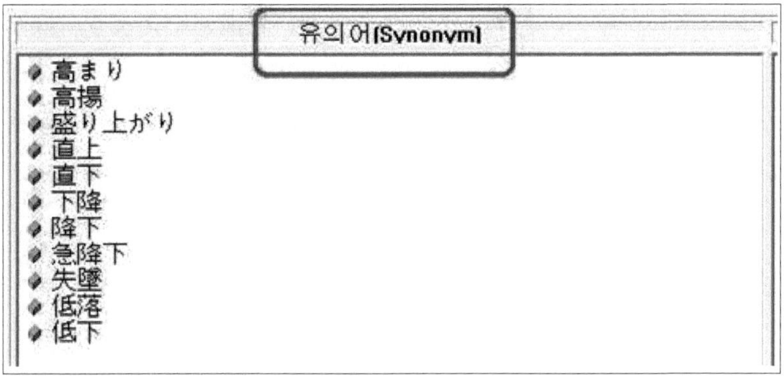

6) 管理機の特徴

以上が「Thesaurus Managerを利用した語彙分類の研究」の具体的な構造を示した特徴である。入力したデータは、国立国語研究所(2004)『分類語彙表』を対象とした。この資料は＜図１＞で示したように、＜95,811個＞にも達する膨大な単語である。これを一人で、或いは一台のパソコンを交代で多くの人々の協力的作業により活用するというのは、従来までは大変困難なことであった。こうした不便さを解消すべく、本研究では、シソーラスマネージャーという最新のソリューション(solution)に注目し、その解決法を探ってみた。＜3-1.管理機の構造＞でも既述したように、多くの人が、幾台ものPCの前で、同時に作業ができるように、また、国立国語研究所編集の『分類語彙表』に盛られた膨大なデータを効率的に入力できるように、シソーラスマネージャーは非常に構造的に設計されている。ここで特に注目したいのは、入力したデータの上位語と下位語の関係を、完全に視覚化された環境下、Spreading activation(活性化の拡散模型)によって示している、ということである。また、同じ単語を二回以上重複して入力することができないことや、多方面にわたる検索機能も、シソーラスマネージャーのもつ、これまでにない特徴といえよう。探したい単語を検索した場合、ただ一つの単語だけが示されるのではなく、上位語と下位語との関連性や類義語との関係も併せて示されるという点が、言語学各方面の研究者らに多くの利便性をもたらすものと期待される。

<参考文献>

言語学研究会編(1983)『日本語文法・連語論(資料編)』 むぎ書房
奥田靖雄(1976)「言語の単位としての連語」『教育国語45号』むぎ書房
(1992)「日本語動詞の研究・動詞論—北京大学での講義資料』未公刊
鈴木重幸(1972)『日本語文法・形態論』むぎ書房
(1996)『形態論・序説』むぎ書房
鈴木康之(1983)「連語とはなにか」『教育国語73号』むぎ書房
高橋太郎(1994)『動詞の研究』むぎ書房
高橋太郎・他(1994)『日本語の文法』むぎ書房
高木一彦(1997)『日本文学研究』第三十六号 大東文化大学日本文学会
宮島達夫・他(1964)『語彙教育』むぎ書房
宮島達夫(1972)『動詞の意味・用法の記述的研究』秀英出版
鈴木泰・他(1996)「日本語文法の諸問題」『高橋太郎先生古希記念論文集』ひつじ書房
湯本昭南(1979)「あわせ名詞の構造」『言語学研究会編・言語の研究』むぎ書房
日本電信電話株式会社(NTT)(1997)『日本語語彙大系』岩波書店
田 忠魁・他(1998)『類義語使い分け辞典』研究社
山田 進(2002)『類語大辞典』講談社
国立国語研究所(2004)『分類語彙表(増補版)』大日本図書
日本語教育学会編(2005)『新版日本語教育事典』大修館書店
山口 翼編(2005)『日本語大シソーラス』大修館書店
中村 明・他(2005)『類語新辞典』三省堂
薛根洙(1996)「連語における日韓対照研究」『国文学・解釈と鑑賞(782)』第61巻7号至文堂
(1997)「連語論研究의 方法ー「に格」名詞+移動動詞을 중심으로ー」第30号日語日文学研究.韓国日語日文学会
(1998)「移動動詞の連語論的な構造の研究ー3単語連語の構造に注目してー」第37号日本文学研究日本大東文化大学日本文学会
(2000)「連語論のParadigmatic relation研究ー行き来先と近づきとの結び付きを中心にー」第8号 日本語文学韓国日本語文学会
(2001)「連語論の研究ー「へ格名詞+移動動詞」を中心にー」『国文学・解釈と鑑賞(842)』第66巻7号至文堂
(2002)「言語活動の結び付き」の連語論研究『国文学・解釈と鑑賞(854)』第67巻7号至文堂
(2005)「韓国語の連語論」『国文学・解釈と鑑賞(890)』第70巻7号日本至文堂
(2010)「Thesaurus Manageを利用した語彙分類の研究-日本語の[分類語彙表]を中心に-」第19輯日本語教育研究韓国日本語教育学会
(2011)「移動動詞の語彙論研究-[に格名詞+動詞]を中心に-」第32号日本学研究檀国大学校 日本研究所

저자

설근수(薛根洙)

日本・Waseda university(中国文学科)卒業
日本・Daitobunka university(日本語学)修士・博士修了(博士)
中国・清華大学校(日本語科)客員教授(2007年度海外派遣教授・韓国学術振興財団支援)
中国・北京外国語大学校・日本研究センター客員教授(2008.3.1~8.30)
現在、韓国・全北大学校(日語日文学科)教授

<主要研究業績>

- 動詞連語論の研究(1998)日本大東文化大学、博士論文
- 連語論のParadigmatic Relation研究(2000)第8号日本語文学、韓国日本語文学会
- 連語論の研究(2001)第66巻7号国文学・解釈と鑑賞(842)日本至文堂
- 日本語Cyber講義Contents開発研究(2003)第54号日本学報、韓国至文堂
- Mutimediaを利用した言語学習方法の研究(2006)第1巻1号多様化日語教育研究、中国西安交通大学校
- Mobileを利用した言語学習方法の研究(2007)第32巻日本語文学、韓国日本語文学会
- U-Learning Contentsの開発研究ー日本語の基礎文字(ひらがな)を中心にー(2008)第8輯日本語言文化研究、中国学苑出版社
- 動画を利用した言語学習方法の研究-日本語の「ひらがなの字源」を中心に-(2009)第42号日本語文学、韓国日本語文学学会
- Thesaurus Manageを利用した語彙分類の研究-日本語の「分類語彙表」を中心に-(2010)第19輯日本語教育研究、韓国日本語教育学会
- 移動動詞の語彙論研究-「に格名詞+動詞」を中心に-(2011)第32号日本学研究、檀国大學校 日本研究所
- 동영상을 이용한 언어학습 방법(2005)발명,(한국등록특허:제0521724호)
- 現代日本語文法(2000)学文社出版、訳書
- 古典日本語文法(2000)学文社出版、著書
- 와세다대학은 어떻게 인재를 키우는가(2009) [도서출판] 신아사, 訳書

日本語の言語学のための

日本語の語彙論理解

초판 1쇄 발행 _ 2012년 8월 30일

저　　자 • 설근수
발 행 인 • 정현걸
발　　행 • 신아사
인　　쇄 • 예지인쇄
출판등록 • 1956년 1월 5일 (제9-52호)
주　　소 • 서울특별시 은평구 녹번동 28-36번지 2F
전　　화 • 02)382-6411 · 팩스 02)382-6401
홈페이지 • www.shinasa.co.kr
E-MAIL • shinasa@chol.com

ISBN 978-89-8396-778-7(93730)

정가 12,000원

"This Research was supported by Chonbuk National University Research Fund, 2010"